DU MÊME AUTEUR

Romans

C'ÉTAIT TOUS LES JOURS TEMPÊTE, Gallimard, 2001 (prix Maurice Genevoix). Folio n° 3737.

LES SŒURS DE PRAGUE, Gallimard, 2007. Folio n° 4706.

Récits

LA CHUTE DE CHEVAL, Gallimard, 1998 (prix Roger Nimier). Folio, n° 3335, édition augmentée.

LA CHUTE DE CHEVAL, présentation et dossier de Geneviève Winter, La Bibliothèque Gallimard, n° 145.

BARBARA, CLAIRE DE NUIT, La Martinière, 1999. Folio, n° 3653, édition augmentée.

THÉÂTRE INTIME, Gallimard, 2003 (prix Essai France Télévisions). Folio, n° 4028, édition augmentée.

BARTABAS, ROMAN, Gallimard, 2004 (prix Jean Freustié). Folio, n° 4371, édition augmentée.

Journal

CAVALIER SEUL, Gallimard, 2006. Folio, n° 4500, édition augmentée.

Essais

POUR JEAN PRÉVOST, Gallimard, 1994 (prix Médicis Essai; Grand prix de l'Essai de la Société des gens de lettres). Folio, n° 3257.

LITTÉRATURE VAGABONDE, Flammarion, 1995. Pocket, n° 10533, édition augmentée.

PERSPECTIVES CAVALIÈRES, Gallimard, 2003 (prix Pégase de la Fédération française d'équitation). Folio, n° 3822.

Dialogues

ENTRETIENS AVEC JACQUES CHESSEX, La Différence, 1979.

Suite des œuvres de Jérôme Garcin en fin de volume.

SON EXCELLENCE, MONSIEUR MON AMI

JÉRÔME GARCIN

SON EXCELLENCE, MONSIEUR MON AMI

nrf

GALLIMARD

À Béatrice,
et à Martine

Le malheur est que je ne sais même pas vivre platement. Je gonfle toujours tout.

FRANÇOIS-RÉGIS BASTIDE,
La vie rêvée

Je ne suis qu'un petit-bourgeois catholique du Sud-Ouest qui a cru s'élever à la hauteur des grands Allemands incompréhensibles.

FRANÇOIS-RÉGIS BASTIDE,
La fantaisie du voyageur

Retour à La Garde-Freinet

Comme j'avais aimé le traverser, autrefois, vitres ouvertes sur des parfums tiédis, roulant trop vite dans le petit matin de l'arrivée ou la nuit noire du retour, ce village fortifié, haut perché dans le massif des Maures et coiffé d'un nid d'aigle, le fort Freinet, à quatre cent cinquante mètres d'altitude, où j'établissais, à égale distance du Luc et de Saint-Tropez, une frontière imaginaire entre l'hiver et l'été, la fatalité et la liberté, la retenue et l'abandon, les colonnes de Buren et les promenades en mer violine de Bonnard.

Car il était incontournable et semblait même, dressé sur ses vieilles pierres sarrasines, se vanter d'être une voie obligée à laquelle menait une départementale unique et serpentine. Pour atteindre Ramatuelle par le golfe de Grimaud ou regagner le Nord, il fallait passer par lui, veilleur de guet, témoin arrogant de mon excitation à descendre ensuite vers la Méditerranée ou de ma mélancolie à quitter sur les chapeaux de roues son extase amniotique. La Garde-Freinet, ma douane de terre.

Et puis les années ont glissé. Nous avons tourné le dos à la presqu'île enchanteresse, pleuré en silence la maison rose bordée de vignes, dispersé au cimetière des cendres, des pétales et des souvenirs. Le Sud s'était aboli. Il s'évaporait avec la légèreté d'une brume de chaleur, s'éloignait très lentement telle une barcasse à la dérive sur une mer d'huile.

Nous l'avons retrouvé, pour la première fois, en juillet 2006. Mais, au lieu d'aller jusqu'à Ramatuelle, nous nous sommes arrêtés, précautionneux, à La Garde-Freinet. Ce n'était plus le village frontalier des voyages d'autrefois, c'était un but en soi, un petit Compostelle. L'entrée du chemin de terre conduisant à La Mente, encadrée par deux cyprès plus droits et fiers que des horse-guards, n'avait pas changé. Il plongeait, cahoteux, chahuteur, vers les profondeurs sèches de la forêt de châtaigniers et de chênes-lièges, royaume des bouscatiers et des sangliers. Mon cœur battait. François-Régis Bastide était mort depuis dix ans, et j'avais l'impression que, les pieds écartés, les bras ballants, il me guettait au bout du sentier tapissé d'épines de pin.

Soudain, apparut sa maison, telle qu'en elle-même ma mémoire l'avait conservée. Longue et fine, racée, naturelle, striée de pierres sécantes du pays, éclairée par des volets bleu pâle, adossée à la colline et ouverte sur une éminence gainée de garrigue, d'où parvenait, par vent doux, un parfum de ciste, de lavande, de romarin et d'épineux genêts. Elle donnait l'insolite spectacle d'un piano à queue posé sur la terrasse d'un paysage immémorial.

Béatrice nous attendait et nous ouvrit ses longs bras de cariatide. Elle était belle, bronzée, et portait une chemise d'homme. On s'embrassa. On voulait croire, dans le soleil radieux, qu'on n'avait pas vieilli pendant que Régis, déjà oublié de tous, sauf de nous, n'en finissait pas de s'éclipser. Et l'on décida alors d'improviser, le samedi suivant, une soirée au village pour marquer, en famille, les dix ans de sa mort. Anne-Marie, de sa voix de clavecin bien tempéré, lirait des textes, notamment ce contagieux *Éloge de la paresse* — « J'ose dire que la paresse, conçue comme une ascèse, est productrice d'énergies que nous avons peine à imaginer. Elle n'est rien d'autre qu'une façon particulière de découper le temps et de suspendre la frénésie routinière du labeur » — qu'il avait écrit pour moi lorsque je travaillais à *L'Événement du jeudi* et célébrais, l'été, les sept péchés capitaux. Martine se souviendrait du *Masque et la plume*, dont elle avait été si longtemps la conseillère occulte et la discrète metteuse en scène. Des malles, on sortirait quelques vieux enregistrements de *causeries* musicales. Et je raconterais celui qui fut, pendant près de vingt ans, mon irréprochable ami, mon vieux complice.

Quelques affiches furent placardées sur les murs

lézardés de la commune, de La Mourre jusqu'au Val-d'Aubert, en passant par la plaine de Saint-Clément. Elles annonçaient, claironnantes, « La vie rêvée à La Garde-Freinet », Maison des Associations, place de la Mairie, *entrée gratuite*, et étaient illustrées d'une photo de Régis qui devait dater des années 1980. Un visage fin d'éternel romantique, une abondante chevelure poivre et sel coiffée à la Perdican, un nez d'inquisiteur, des yeux bridés, une bouche sans lèvres, un port altier de connétable espagnol, le visage exact du séducteur qui suscita autrefois, à parts égales, de l'excitation et de l'exaspération, tant il était à la fois irrésistible et insupportable. Il incarnait, sur cette photo en noir et blanc, le mot de Cocteau dont il avait fait sa devise : « Ce que le public te reproche, cultive-le, c'est toi. »

Il y eut foule, le samedi 22 juillet, dans la salle de La Garde-Freinet qui sentait la chips et le jus d'orange, pour nous écouter évoquer l'écrivain de *La fantaisie du voyageur*. Ses amis étaient là, la directrice des Bouffes du Nord Micheline Rozan, l'écrivain Serge Lentz, les journalistes Eugène Saccomano et Peter Adam, le comédien Facundo Bo, mais aussi d'anonymes Fraxinois. Ils se rappelaient, sans trop comprendre alors d'où il venait ni où il allait, le singulier échalas en bermuda, l'étonnant échassier en espadrilles qui promenait cérémonieusement son mètre quatre-vingt-huit dans les ruelles étroites du village en donnant toujours l'impression qu'il inspectait, avant le plein soleil, sa petite principauté. La rumeur, portée par l'énigmatique mistral, le disait speaker, aruspice, horticulteur et même plénipotentiaire, un orchestre allemand aurait interprété en 1944 une messe nuptiale de sa composition, son père biarrot aurait connu Mata Hari et Bolo-Pacha, lui-même aurait été l'ami de Jean Cocteau et l'élève d'Alfred Cortot, il aurait fait jouer à la télévision Emmanuelle Riva et Delphine Seyrig, mais, dans tout cela, qu'y avait-il de vrai? C'est ainsi que, ce soir-là, il manqua même à ceux qui ne l'avaient pas connu.

Je racontai donc, en accéléré, le petit pianiste de la Côte basque comblé de tous les dons à qui son père avait enseigné « les trois choses indispensables dans la vie : le charme, la maîtrise de plusieurs langues et les relations »; le spahi marocain parti à l'adolescence sur les routes avec les troupes de la 2e DB; le secrétaire du centre culturel de Royaumont; l'éditeur du Seuil qui créa les collections « Solfège » et « Zodiaque », publia Anne Hébert et Rafaël Pividal, Erik Orsenna et Raphaëlle Billetdoux; l'animateur du *Masque et la plume* marié à Michel Polac par le grand poète Jean Tardieu, qui présidait alors aux destinées radiophoniques du *Club d'essai*, dont l'aléatoire diffusion n'allait pas au-delà des boulevards de ceinture; l'astrologue de *Marie-Claire* proclamant : « Il faut chanter juste dans son ciel de naissance »; le romancier aux envolées lyriques qui, dans un monde dissonant, harmonisa ses souvenirs et prétendit inventer une grande machine à réveiller les rêves ; le militant socialiste qui, selon son humeur et celle du chef, appelait François Mitterrand le « Minotaure » ou le « Pastoral » ; l'insatiable amant des longues filles brunes ; le fou de « bagnoles », comme on disait alors ; le dramaturge déçu ; le compositeur clandestin ; l'ambassadeur de France à Copenhague, à Vienne et à l'Unesco initié sur le tard aux complexités des quotas laitiers, au marché du maïs-grain, à la diffusion de TV5, à la langue de bois des toasts diplomatiques ; et surtout, puisque c'était ce qu'on était venu entendre, le sybarite de La Mente qui jardinait comme on écrit et écrivait comme on jardine, Régis le bienheureux auquel la vie refusa le privilège de vieillir sans regrets au milieu de ses fleurs, de ses arbres, de ses pierres, tout contre celle qu'il aimait, Béatrice la tubéreuse. Béatrice, une femme dont Stendhal, qui la chercha en vain toute sa vie, affirmait qu'on peut tomber de cheval devant elle sans qu'elle éclate de rire.

J'aurais voulu en dire plus encore sur mon ami, qui soudain me rendait trop bavard. Car chaque souvenir en réveillait un autre. Et chaque page de lui en appelait une autre. Et, de thème astral en thème musical, mon bonheur à le portraiturer ajoutait soudain à ma colère de savoir qu'il était déjà devenu un nom improbable, un écrivain inconnu, un destin remisé.

J'avais, sur lui, tant de choses à dire, encore... Quoi donc ? Des broutilles. Des images arrêtées. Des mots notés dans des calepins. Il avançait dans l'existence comme la femme de Loth, en regardant en arrière, l'avenir ne l'intéressait pas, c'était un astrologue contrarié. Il adorait à la fois *Dallas* et *Cyrano de Bergerac*, avait la faculté de feuilleter, en même temps, la presse *people* et les *Confessions* de saint Augustin. Il avait l'âme aristocratique, et un cœur de midinette. Promis à la plus haute diplomatie, il avait pourtant fait carrière, à Paris, dans la gaffe, la maladresse, le malentendu blessant, la maladive indiscrétion, et il était parfois plus curieux des histoires d'alcôves, des coucheries de vedettes qu'un paparazzi. Il relisait *Les palmiers sauvages*, de Faulkner, chaque fois qu'il était en panne d'écriture et transpirait des aisselles, quand l'inspiration venait. Il m'avait dit, lorsque je devins à mon tour l'animateur du *Masque et la plume* : « Tu vas apprendre l'étrange métier de dompteur de cirque culturel » et m'avais fait découvrir les poèmes chevaleresques du baron Joseph von Eichendorff. Il ne s'aimait pas tant que ça, détestait se relire, jugeait *La lumière et le fouet* « très mauvais » et *Les adieux*, son prix Femina, « horripilant ». Un roman à propos duquel Kléber Haedens lui avait préconisé de suivre le conseil de Radiguet, arguant qu'il gagnerait beaucoup à s'efforcer d'être banal au lieu d'écouter sans cesse l'ange du bizarre. Il fumait trop, expliquait qu'il « habitait ses cigarettes », toussait beaucoup le matin, une toux éruptive, magmatique, volcanique dont il voulait croire qu'elle lui faisait « gagner du temps », pauvre Régis, et lui permettait « de réfléchir ». J'aurais voulu dire aussi que, le jour de son enterrement, en 1996, François Nourissier me chuchota à l'oreille, d'une voix mauriacienne griffée par les poils de barbe : « Il était notre Musset », et ce n'était pas faux.

Alors, le lendemain, tandis que le jour se levait sur sa maison dont j'étais l'hôte passager et où son fantôme me frôlait dans les couloirs frais, j'ai commencé ce récit d'un compagnonnage qui n'est pas un tombeau, qui serait plutôt une randonnée, en sandales et en sa compagnie, dans les sous-bois des Maures. Il suffit seulement d'imaginer, entre les lignes, l'obsédante stridulation des cigales, les arômes sournois d'herbes sauvages et la présence végétale des absents que, sur les rives de la Méditerranée, l'été favorise avec générosité.

Un mot, encore. Non loin de La Mente se dresse, dominant la sauvage et médiévale forêt du Dom, tout en schiste brun et serpentine vert sombre, la chartreuse de La Verne, qui fut fondée en 1170 et en partie détruite à la Révolution. C'est Régis qui m'avait conseillé, sans m'en donner la raison, de visiter ce lieu de haute solitude où désormais les psaumes des sœurs de Bethléem se mêlent au chant des grillons. Au milieu du grand cloître sont enterrés, à même la terre, sous des croix anonymes, à l'ombre pacifiée d'un olivier plusieurs fois centenaire, quelque huit cents moines. Le calme y est assourdissant et la mélancolie, enjouée. Allez comprendre pourquoi une part de moi, secrète, inexplicable, confiante, veut croire que ce cimetière à ciel ouvert est, parmi les ruines et les herbes folles, la dernière demeure de Régis, cet oblat inquiet déguisé en fier-à-bras.

Le mentir-vrai

« Tu sais, j'ai beaucoup menti », m'avait-il dit au coucher du soleil, un double scotch à la main, de sa voix de crooner nicotinée, alors que j'essayais de démêler, dans ses livres gigognes, tout en appeaux, souricières, trompe l'œil, chausse-trapes et miroirs aux alouettes, le vrai du faux.

Il n'éprouvait ni regret ni repentir d'avoir tant, et si bien, et si longtemps, fabulé. Au contraire. Il se vantait d'avoir été, dès son plus jeune âge, un tricheur expérimenté comme les voleurs de tableaux, après une vie à haut risque et quelques années de mitard, se flattent d'avoir toujours eu bon goût, su distinguer une copie d'un original, et mieux connu les différentes périodes des grands maîtres que certains exégètes assermentés.

Il citait parfois ses maîtres qui étaient, outre les gentlemen-cambrioleurs, les comédiens qui en rajoutent et s'y croient, les faussaires géniaux, les bonimenteurs du marché de Cogolin qui vendent de la tapenade noire au prix du caviar, les joueurs de cartes préparées, les astrologues qui prédisent l'avenir avec certitude et les contrefacteurs de pères en fils. Il y avait, jusque dans le port de tête princier, du Gary chez Bastide, mais un Gary qui n'aurait pas osé créer Émile Ajar, aurait manqué le savoureux plaisir de récolter deux prix Goncourt, d'échapper aux préjugés des critiques, de voir sans être vu, d'aimer sous un autre visage, un Gary qui ne se serait pas suicidé après avoir griffonné, en guise de testament : « Je me suis bien amusé ; au revoir et merci. »

À l'exception de sa chronique astrologique dans *Marie-Claire*, Régis n'a jamais tenté l'aventure de la pseudonymie, qui était pourtant faite pour lui et l'eût soustrait aux quolibets que sa notoriété radiophonique, son militantisme socialiste, son romantisme ostentatoire et son donjuanisme échevelé provoquaient de manière insistante. Il s'est contenté, sur la page de garde et sous la rubrique « en préparation », de se fabriquer une bibliographie imaginaire.

Je ne compte plus tous les livres que, depuis le début des années 1950, cet écrivain de la prétérition a fièrement annoncés et qu'il n'a jamais écrits. Les avait-il seulement commencés ? Jusqu'où se mentait-il à lui-même ? Je n'en sais rien. Parmi ses innombrables palimpsestes, on trouve un roman, *Choralita Brichs*, devenu *Les adieux* ; un essai au titre mystérieux, *Il n'y a pas d'étrangers* ; deux recueils de nouvelles, *Personnages oubliés* et *Les amis de Sébastien* ; un récit, *Les bracelets* ; un pendant à *La vie rêvée* qui aurait été *La vie réelle.* Il avait aussi programmé une suite d'études sur Rousseau, Stendhal, Constant, Proust, Gide et Larbaud, qu'il eût intitulée *Le romanesque et le temps musical.* Et un *Brahms*, destiné à sa collection « Solfège », qui eût été un autoportrait en creux : « Brahms, c'est une musique qui fiche le camp dans tous les sens, mais il y a soudain une espèce de concentration qui fait alors apparaître la liberté comme nécessaire. C'est exactement ce que je veux faire dans mes romans. » Mais mon plus grand regret reste ce *Gobineau ou la vie rêvée* qu'il avait choisi de rédiger, sans notes, de chic, juste après *Les adieux.*

Car le comte Joseph Arthur de Gobineau fut sa grande affaire. Il lui semblait parfois être la réincarnation chevaleresque, au vingtième siècle, de ce diplomate écrivain, descendu des Vikings et inféodé à la grande Allemagne, qui détesta la démocratie, servit Tocqueville, le shah de Perse, Wagner, et acheva sa longue carrière d'ambassadeur à Stockholm. Régis adorait *Les pléiades*, et ambitionnait, après Copenhague et Vienne, d'écrire les siennes. S'il condamnait, évidemment, l'*Essai sur l'inégalité des races humaines* et son pangermanisme outré, dont le Troisième Reich fit son régal, il voulait réhabiliter le nouvelliste de *Mademoiselle Irnois* et d'*Adélaïde*, le voyageur épris de romantisme, l'amoureux stendhalien de la comtesse de La Tour, l'adepte des dieux scandinaves, des villes italiennes et des mythes de la Forêt-Noire, le Don Quichotte désespéré qui mourut aveugle, en 1882, sur un quai de la gare de Turin. En vérité, il ne détestait pas qu'il fût un peu maudit. En remettant vingt fois, sur le métier d'admirer Gobineau, son ouvrage de plus en plus incertain, peut-être Régis voulait-il garder, pour lui seul, cet écrivain inactuel dont il se prétendait secrètement l'héritier.

Parmi les projets restés en suspens, il y avait aussi un *Cocteau*, qu'il m'avait promis d'écrire pour la collection « Les Affinités électives » que j'avais créée au début des années 1980, et dans laquelle je demandais à des écrivains de célébrer leurs maîtres à penser, leurs livres de chevet, ceux qui avaient, au sens propre, changé leur vie. Clément Lépidis m'avait donné un *Henry Miller*, Jacques Chessex un *Maupassant*, Didier Decoin un *Andersen*, Suzanne Prou un *Mauriac*, François Rivière un *Enid Blyton*, Gérard Bonal un *Colette* et Régis m'avait envoyé une longue lettre dans laquelle il m'expliquait que, sans sa rencontre précoce avec l'auteur de *Thomas l'imposteur*, il n'eût jamais préféré la littérature romanesque à la musique de chambre.

À l'en croire, ce livre, il le portait en lui depuis l'adolescence, il n'avait même pas besoin de l'écrire, il lui suffisait de le recopier... Il raconterait comment, à quinze ans, il avait tout fait pour ressembler à Cocteau, cet autre long nez, cet autre touche-à-tout, pourquoi il lui avait rendu visite à Paris afin de soumettre à son jugement quelques « élégies fadasses, du Francis Jammes truffé d'Eluard », et avait reçu, « de Jean », ce conseil décisif : « Surtout, ne fais pas comme moi. Cela ne m'a pas réussi de tout essayer à la fois, poésie de journal, de théâtre, de cinématographe, choisis une seule voie, et ne la quitte pas. » Et puis, Régis a été nommé ambassadeur, et plus jamais nous n'avons reparlé de ce petit exercice de gratitude qui s'ajoute à mes regrets de lecteur.

Car j'ai retrouvé, dans mes papiers, la note d'intention manuscrite qu'il m'avait envoyée le 25 février 1981 avec ce petit mot : « Cher Jérôme, voici la première copie de ton élève sur Jean Cocteau. J'espère que c'est lisible. Ma machine à écrire est cassée. Ma télé aussi, d'ailleurs, depuis *Apostrophes*. Les miroirs feraient bien de réfléchir, etc. » Suivaient deux feuillets à l'encre noire : « Vers ma dix-septième année, à Biarritz, haïssant la philosophie (sauf Bergson), en pleine guerre, j'écrivais du sous-sous-Giraudoux et du sous-sous-Ravel avec complaisance. J'hésitais. Musique ou littérature ? Mes camarades lisaient Montherlant pour “se reconstruire”, ou Gide pour se voluptueusement détruire. Je détestais ce dernier, qui maniait les idéologies comme les porcelaines, avec des prudences de sacristain. Je continue. Je ne croyais qu'à la Beauté. Mais comment? Où? Que faire? Je ne me sentais, je ne me sens encore, promis à aucun destin exceptionnel. Je voulais être un *petit maître* parfait. C'était déjà beaucoup. L'indécision entre le piano, pendant des heures, et je ne sais quel journal intime fiévreux me tenait lieu d'ascèse. Un jour, je lus (8 janvier 1943) *Le rappel à l'ordre*, de Jean Cocteau. Je devins fou de cet ordre, de cette clarté, de Bach, de non-diaprures et de non-gondoles. Je lus tout Jean. Ma chambre appareilla avec tous les *Enfants terribles* du monde. Plus tard, pas beaucoup plus, je connus Cocteau. J'appris à choisir, à savoir pourquoi, parmi mes rêves. Je continue d'apprendre. Je ne sais pas encore. Jean Cocteau est mort, glorieux ; et inconnu. Il ne cesse de grandir. Il faudra essayer de dire pourquoi j'ai connu Mai 68 en janvier 43 et comment Paris, la nuit, continue de lui ressembler. » Quelle belle première phrase c'eût été, pour ce *Cocteau* demeuré à quai : « J'ai connu Mai 68 en janvier 43 » !

Je ne sais toujours pas, aujourd'hui, ce que cette œuvre invisible doit à sa persistante paresse, à sa redoutable exigence ou à sa suractivité débordante. Comme pour s'excuser, il me disait qu'il avait, tout au long de son existence, contenu ses élans et qu'il se rattraperait, lorsque viendrait l'heure de la retraite à La Mente, en écrivant non seulement les livres qu'il avait rêvés mais aussi les sonates ou les concertos que sa mémoire avait conservés, mais je n'en croyais rien, et le cancer, qui est grossier, eut la délicatesse de ne pas, sur ce point, le faire mentir.

« Tu sais, j'ai beaucoup menti, mais avec élégance. » Je la lui concédais volontiers, du moins dans ses romans bavards où il feignait de céder à l'autobiographie, qu'il n'a pas laissé de retoucher et d'exposer : l'enfance biarrote, l'obsessionnel amour de la mère, la découverte de l'Allemagne en uniforme de spahi, la vocation musicale contrariée, et la circumnavigation du conférencier d'Alliances françaises — afin de mieux s'en écarter, s'inventer un personnage de légende et rendre crédibles, entre deux souvenirs incontestables, ses innombrables mensonges.

Je doutais plus, en revanche, de son élégance dans la vie réelle. Ce soir-là, il en convint. Le séducteur avait soixante-cinq ans, et commençait à faire ses comptes. La goujaterie l'avait souvent emporté sur la galanterie. Il avait même écrit certaines pages pour embellir ce qui était laid, dédommager ses victimes, s'excuser d'avoir été trop entreprenant et si peu attentionné. Hors la littérature, qui les enjolive, les tromperies amoureuses sentent en effet le rance, le mesquin, le furtif, le pourboire, l'hôtel miteux, la salade cuite, le théâtre amateur, la série télé, et il n'aimait pas s'en souvenir, lui qui demandait au bobard de s'élever à la hauteur de l'illusion et à la passion d'être exaucée par Schiller, Goethe ou Albert Cohen.

D'ailleurs, au mot de menteur, trop banal, il préférait celui d'imposteur, plus théâtral, et qui lui avait donné, dans sa jeunesse, le sentiment d'être le personnage vantard d'un roman de Cocteau. Dans *La fantaisie du voyageur*, il donnait ce conseil aux filles et aux garçons qui entrent dans la vie adulte : « Entretenir tous les mensonges possibles. À vingt ans, aucune vérité ne vaut d'être vécue, tandis que les masques enseignent, rapportent, divertissent. Plus tard, vous aurez bien le temps de vous battre pour une cause, d'y croire, de croire que vous y croyez. Plus tard encore, les hommes de foi et les hommes de masque se retrouvent ensemble pour mourir, ils pèsent le masque, ils pèsent la foi ; et si les poids étaient les mêmes ? »

Régis avait donc été doué très tôt pour la mystification. En 1944, il s'était inventé une guerre qu'il n'avait pas vraiment faite. Certes, il s'était engagé dans la division Leclerc, avait porté l'uniforme des spahis marocains et occupé la Sarre, mais l'aspirant laissait volontiers accroire qu'il avait pris des risques et même participé à la libération de Strasbourg alors qu'il avait tranquillement franchi le Rhin après la bataille, et le gros des troupes, afin de restituer à Radio Sarrebruck ses émissions musicales et faire découvrir, aux Sarrois qui s'en foutaient, les compositeurs français, de Couperin à Ravel. Dans ses carnets de 1950, publiés sous le titre *Le rescapé*, Paul Gadenne, qui pourtant aimait beaucoup « le godelureau » Régis, évoque avec exaspération, et la méchanceté des malheureux, « le passé de gloire militaire qu'il s'est lui-même inventé pour les vieilles dames du Femina ».

Inventé ? Non. Car il participa à la marche de la 2e DB sur Berchtesgaden et, le 4 mai 1945, à l'occupation du Berghof, le nid d'aigle de Hitler dans la bibliothèque duquel, preuve de sa contribution à la victoire et à l'éradication du nazisme, il mit un point d'honneur à dérober un exemplaire relié cuir de *Mein Kampf*, dédicacé au maréchal Goering.

Démobilisé à dix-neuf ans, sans emploi et sans médaille, le sous-officier de musique feignit alors, de retour à Biarritz, d'être un jeune vieux combattant. Car, en plus, il trichait sur son âge et, pour en imposer, se donnait cinq ans supplémentaires. Refusant de remiser son burnous bleu-noir et son jonc jaune orangé, il s'était ajouté une blessure à la jambe et claudiquait dans les rues de sa ville natale, parfois même trébuchait, pour qu'on vienne au secours du héros. « Je souriais, plein d'amertume et de noblesse. »

Mais le cabot, à trop guigner l'admiration ou la compassion, pouvait aussi être cruel. À Bayonne, où errait une troupe effarée de tirailleurs sénégalais qui venaient d'être libérés du camp où, depuis 1940, les Allemands les avaient parqués, Régis avait bombé le torse et soudain pris la voix du chef qu'il n'était pas pour hurler : « Alors, on ne salue plus les officiers, maintenant ? » Les pauvres soldats dépenaillés s'étaient alors mis au garde-à-vous devant l'imposteur. Cette humiliante bravade de freluquet, ce numéro de petit coq dressé sur ses ergots, il s'en est longtemps voulu, et les raconte dans *La fantaisie du voyageur* : « Je venais d'agir comme un spadassin d'opérette, et d'y prendre plaisir. J'avalai un peu de salive aigre, dont j'ai toujours gardé le goût ; le dégoût, si on y tient. De mes actions les plus noires, aucune n'égale celle-ci, qui, à l'entrée de ma vie d'homme, la maquille et la recouvre de poussière. Depuis 1944, je n'ai pas trouvé l'occasion de réparer. Je mériterais d'aller décortiquer des arachides au Sénégal, le cul botté par les fils des tirailleurs du polo de Beyris. »

La nuit était maintenant tombée sur le patio tiède de La Mente, Régis avait allumé une grosse bougie sur la table, les moustiques attaquaient en piqué, un chien enchaîné aboyait derrière la colline. « Tu sais, j'ai beaucoup menti... J'ai été à la fois Narcisse et Arlequin. J'ai toujours pensé que je ne pouvais pas plaire sans jouer un peu la comédie. » Il la jouait bien, d'ailleurs. Dans *La banquière*, le film de Francis Girod, il incarna le ministre de l'Intérieur. Il avait une autorité naturelle, le profil inquiétant, les cheveux gominés et une telle conscience de son emploi qu'il réussissait, dans l'ombre de son bureau, à dissimuler la passion que, derrière le visage déchiré de Marthe Hanau, l'Autrichienne Romy Schneider lui inspirait.

Régis ambassadeur et Sissi impératrice ; le Français

fou d'Allemagne et l'Allemande exilée en France qui avait honte d'avoir incarné cette princesse en crinoline ; celui qui, au nom de Bach et de Novalis, voulait pardonner et celle qui n'en finissait pas de demander des comptes à son pays, à son peuple, à ses parents national-socialistes ; le diplomate qui, outre ses décorations françaises, se flattait d'être grand-croix de l'ordre de la république d'Autriche et l'actrice martyrisée par les nazis dans *Le vieux fusil* qui toute sa vie porta, autour du cou, une étincelante étoile de David ; Régis qui, trois ans après la mort de Romy, avait été nommé là où elle était née, à Vienne, en 1938, capitale du meilleur et du pire. Destins croisés. Les astres, encore. J'aimerais tant savoir ce que, dans les coulisses de *La banquière*, au sortir des loges où on les avait maquillés, lui dont l'orgueil faisait sourire, elle dont le sourire faisait pleurer, ils se sont raconté. Rosemarie Albach lui a-t-elle seulement dit qu'elle avait grandi au pied du Berghof de Hitler, dans cette Bavière que le soldat Régis allait occuper, et lui a-t-elle confié que sa mère, Magda Schneider, avait eu une liaison avec Hitler ? A-t-il compris, ce jour-là, qu'elle mourrait dans la fleur de l'âge et ne vieillirait jamais ? Dans quelle langue, le français ou l'allemand, se sont-ils parlé ?

Il aurait voulu être un grand compositeur, l'égal de Ravel, un héros de la Résistance comme Jean Prévost, un écrivain de la dimension de Chateaubriand et, au théâtre, le nouveau Giraudoux. Il aurait voulu diriger l'orchestre philharmonique de Vienne, devenir ministre de la Culture, marquer autant la rue de Valois qu'André Malraux, être l'administrateur général de la Comédie-Française, le sénateur socialiste des Pyrénées-Atlantiques et le premier conseiller, à l'Élysée, de François Mitterrand. Il aurait voulu qu'on vînt le visiter à La Mente comme certains font le pèlerinage de Saint-Florent-le-Vieil pour écouter Julien Gracq se souvenir de son siècle en styliste et de son pays en historien-géographe. Il aurait voulu qu'il n'y eût, à son enterrement, que des femmes lianes démaquillées par les larmes, et que ses livres fussent lus après sa mort.

Mais s'il a si longtemps triché avec la vérité, s'il a si bien rêvé sa vie dans ses fables et ses épopées intimes, c'est qu'il ne se faisait guère d'illusions sur ses rares succès littéraires, qu'il adjugeait au hasard; sur sa brillante carrière diplomatique, qu'il attribuait à la seule persévérance; sur ses conquêtes féminines, qu'il mettait plus sur le compte de sa notabilité que de son magnétisme; et moins encore sur sa postérité. Il douta avec panache. Il fut parfois son pire contempteur. Romancier de soi-même, il ne s'avantagea dans *La fantaisie du voyageur* ou *L'homme au désir d'amour lointain* qu'afin de mieux se supporter au jour le jour. En abusant les autres, il s'abusa aussi. Dans la société qui le stigmatisait volontiers, nul n'a jamais su combien, sous son frac et sa hautaine prestance, l'homme était attendrissant, fragile, enfantin.

L'autre Bastide

On oublie si vite. C'est un permanent saccage. Régis n'y a pas échappé, il y a d'autant moins échappé qu'il avait tout fait, de son vivant, pour être célèbre, pour se donner une *allure*, pour ajouter un personnage flatteur à son œuvre, et qu'on a cessé de le lire à l'instant précis où on l'enterrait.

Plus de dix années ont passé depuis sa disparition, et même son nom s'est dissous dans la longue cohorte des ombres qui s'éloignent, à pas lents, de notre époque agitée pour s'enfoncer dans la nuit de l'ingratitude. Les derniers qui veulent bien se souvenir de lui sont les auditeurs du *Masque et la plume* et les historiens chenus de la TSF. La mort de l'auteur de *La vie rêvée* est un long cauchemar. Il aspirait à une postérité littéraire, s'imaginait relié en pleine peau et doré à l'or fin, mais il survit, dans les archives, en animateur de radio. Tout, chez ce disciple du vibrion Cocteau, était aigu, la phrase, le nez, les côtes, la pensée, la saillie, mais c'est au modérateur, oh l'affreux mot, qu'il doit encore d'être évoqué parfois.

Je lis mes contemporains depuis mon plus jeune âge. J'en ai fait mon métier. Je ne m'en vante pas car plus le temps passe, et plus je prends le risque de devenir un vieux critique. Bertrand Poirot-Delpech, qui avait tenu le feuilleton littéraire du *Monde* pendant plus de vingt ans, jugeait qu'il lui avait sacrifié, à raison de sept heures de lecture quotidienne le crayon à la main, sa vocation de romancier et m'enjoignait sans cesse de ne pas l'imiter. Il sut d'ailleurs s'arrêter au bon moment, juste avant de s'y complaire.

Lorsque, avec des accents caritatifs et une ferveur empruntée au TNP, Bertrand prétendait que faire aimer les livres suffisait à son bonheur, évidemment il mentait, lui aussi. Ce critique doué d'empathie, répugnant toujours à l'éreintement, était un auteur qui rongeait son frein, un démiurge sec. Mieux il admirait, plus il se regrettait. Tenté lui-même par l'amertume que favorisent les occasions manquées, il me mettait donc en garde contre les chimères du papier journal, le paradoxal confort de l'urgence, et me répétait : « Je ne te redirai jamais assez, puisque ton père n'est plus là pour te le dire, de ne pas sacrifier *l'essentiel* à cet accessoire alimentaire. Ne fais pas mon erreur, écris pour toi ! » en ajoutant que tous nos articles rédigés avec un soin maniaque, une rigueur démodée, toutes ces heures consacrées à absorber, annoter, juger, les textes des autres, c'était du gâchis. Anne Philipe me tenait, sur un ton plus sévère, le même langage. Elle essayait de m'obliger à la littérature en me détournant de son commentaire. Je n'ai écouté ni l'un ni l'autre. Le plaisir de lire est impérieux, je ne m'en lasse toujours pas. Il suffit à justifier, avec l'irrépressible curiosité qui l'accompagne, et l'excitation de voir naître un talent neuf, et le besoin de connaître son époque à travers celles et ceux qui la décrivent, qui l'impriment, mon obstination à persister dans cette charge dont j'ai fait, je ne m'en cache pas, un étrange art de vivre. Il ne m'empêche d'ailleurs pas de tenter d'écrire parfois sur mon théâtre intime et mon religieux manège, dans lequel piaffent des ombres voluptueuses.

Mais lorsque j'ouvre de gros dossiers, où somnolent mes milliers d'articles, où gisent déjà trente années d'une existence de papivore, j'ai souvent l'impression d'entrer, par effraction, dans un cimetière à l'abandon, de marcher au milieu de cippes brisés, de dalles moussues, de stèles aux inscriptions effacées, de croix pantelantes et de grilles vert-de-gris assaillies par des rosiers sauvages. Tous ces ouvrages dont j'ai parlé, et que la grosse machine du temps a pilonnés sans pitié. Tous ces auteurs qui ont eu, sinon leur heure de gloire, du moins un instant de prestige, et que l'amnésie collective a recouverts de sa lourde chape de pierre. Quelle naïveté de croire que la publication prémunit contre la disparition, et qu'on laissera une trace *post mortem* parce qu'on a enfermé, de son vivant, des pensées, des rêveries, des choses vues dans un volume massicoté ? Qui se souvient, au moment où j'écris ces lignes, de José Cabanis, de Christiane Rochefort, de Henri Anger, de Georges Borgeaud, de Roger Judrin, de Clément Lépidis, de Didier Martin, de Béatrix Beck, de Jacques Almira, de François Billetdoux, de Jean-Louis Curtis, de Georges Haldas, de Zoé Oldenbourg, de Pierre Luccin, de Jean-Pierre Martinet ou même de Jean Cayrol ? Ont-ils, eux et tant d'autres, à ce point démérité ?

Comme Régis, ils ont été les victimes d'un système qui, pour pallier ses défaillances, produit de plus en plus de livres et rejette aussitôt ceux qui n'ont pas eu la faveur immédiate du public. Et la télévision de ces années-là, qui plaçait chaque semaine les écrivains en pleine lumière, une émission chassant l'autre, a fabriqué encore plus vite de l'indifférence et de l'oubli.

Je me souviens encore de la sortie, au printemps de 1994, de *L'homme au désir d'amour lointain*. Treize longues années s'étaient écoulées depuis la publication de *L'enchanteur et nous*. Le maigre et spectral Régis donnait l'impression d'être un revenant. Dans son costume de fil-à-fil gris clair, avec sa cravate noire en tricot, sa pochette en soie de trop et sa rosette ostentatoire, les pieds ajustés dans des mocassins de pécari noirs à sur-boucles en argent, il avait cessé d'être *tendance*. Il était devenu un inconnu aux longs cheveux blancs, un romancier sans bagages obligé de se présenter pour être entendu. Il n'a pas souffert seulement de l'insuccès de son livre, où il avait tant mis de lui, et même au-delà, il a aussi été blessé, je le sais, par la manière dont on lui faisait comprendre que son temps était passé, que ses airs hautains manquaient de naturel et que son fauteuil, dans le monde des lettres parisiennes, était désormais occupé. Deux ans avant de mourir, il a été le témoin de sa propre disparition, l'observateur meurtri de son obsolescence. D'avoir lu tout Saint-Simon, de connaître si bien les stratégies du pouvoir, les lois de la réussite, le protocole de la cour, le prix de la faveur et le coût de la disgrâce, ne lui avait donc été d'aucune aide.

Il était en poste à Vienne lorsque, de Paris, je lui avais envoyé, pour sourire et entretenir notre complicité, *La petite maison*. C'était un conte libertin signé par un certain Jean-François de Bastide, né à Marseille en 1724, fils du lieutenant criminel, mort à Milan en 1798, et que Patrick Mauriès, ce collectionneur de curiosités, avait exhumé et publié au Promeneur, dans son bien nommé « Cabinet des lettrés » où, pour quelques *happy few*, la Julie de Lespinasse de Lytton Strachey converse avec le Sylphe de Crébillon fils.

Dans une lettre qui accompagnait le petit volume blanc, et sur l'enveloppe de laquelle j'avais ajouté pour l'occasion une seyante particule, je reprochais une fois encore à Régis de ne plus écrire (j'ignorais alors qu'il travaillait, sous le boisseau et tard dans la nuit, à son énorme manuscrit) et lui souhaitais de ne pas connaître le triste sort de son obscur homonyme.

Car l'oublié Jean-François de Bastide était une manière de polygraphe. Il avait beaucoup écrit : des romans, des poèmes, des contes, du théâtre, de la philosophie, des volumes de morales, une *Lettre à M. Rousseau* et un *Dictionnaire des mœurs*. Ses contemporains l'accusaient de facilité, de superficialité. Au critique qu'il était également, ils faisaient surtout payer sa sévérité et son intransigeance. Des jaloux s'en mêlèrent. Plus tard, en 1820, dans un dictionnaire qui faisait foi, il fut même reproché à l'auteur du *Tribunal de l'amour*, des *Têtes folles* et du *Désenchantement inespéré* d'avoir de « l'esprit », de « l'agrément » et des « lecteurs » ! Bastide finit par cesser d'écrire et, précise Mauriès dans une litote, « mourut déçu ». Son œuvre a si bien disparu qu'on ne trouve même plus trace de son auteur dans les meilleures anthologies. C'est comme s'il n'avait jamais existé, jamais écrit. Un courant d'air dans un cénotaphe.

Publiée en 1758, *La petite maison* prouve pourtant que Jean-François de Bastide, sans être un grand écrivain, était conteur raffiné. Ce qu'on appela par la suite un petit maître. Parce qu'elle lui résiste et qu'il lui plaît d'enlever par l'esprit, plutôt que par la force, ce délicieux ministère de la vertu, le marquis de Trémicour invite la belle Mélite à contempler, sur les bords de Seine, les privilèges de sa « petite maison » — ainsi désignait-on alors ces relais amoureux, plus clandestins que les hôtels particuliers et plus discrets que les châteaux. En cicérone averti, il tient en effet que, faute de céder à son charme, la prude s'inclinera devant celui de sa demeure, une bonbonnière transformée en un théâtre des cinq sens. Plus la visite progresse, plus Mélite, qui a du goût, trouve le marquis séduisant. Dans le salon rond, voûté en calotte peinte par Hallé, un nègre allume les trente bougies du lustre et les girandoles de porcelaine ; dans la chambre à coucher aux lambris couleur de soufre tendre, un lit d'étoffe de Pékin jonquille attend la conquête du marquis ; dans l'appartement de bains, des plantes maritimes montées en bronze par Caffieri président aux ablutions diverses. Rien ne manque ici : ni la musique de Lully, ni le feu d'artifice préparé par Carlo Ruggieri, ni le souper fin servi sur une table volante, ni enfin la conversation, au fil de laquelle Trémicour montre assez d'esprit pour le faire perdre à Mélite. À l'instant d'exprimer la capitulation de la belle et la victoire du marquis, Bastide a ce mot savoureux : « Mélite étoit ravie en extase. »

Petite merveille de la littérature libertine du dix-huitième siècle, ce texte, que Régis découvrit sous les ors de son ambassade avec autant d'étonnement que de plaisir, vaut pour la délicatesse de la polémologie amoureuse et surtout les minutieuses descriptions de l'architecture intérieure au temps de Louis XV. Bastide aimait en effet à citer ses maîtres : les peintres Bachelier, Boucher, Dandrillon, Gillot, Tramblin, Hallé, Huet, les sculpteurs Falconet et Pineau, le stucateur Antonio Clerici, les graveurs Cars, Cochin et Le Bas, le ciseleur François Thomas Germain, l'architecte Le Carpentier... Ainsi le conte coquin se double-t-il d'un précieux document historique. Mais cela n'a pas suffi à sauver ni disculper son auteur.

À l'autre Bastide, François-Régis, mon ami, on a fait pareillement un procès en légèreté, on a jugé son élégance suspecte, sa prose trop charmeuse, on l'a accusé d'être un romancier à femmes comme on dit homme à femmes. Naïf, il avait trop le goût de plaire pour s'en offusquer, il ne mesurait pas combien cette légende de lovelace, entretenue par des imbéciles et des introvertis, pouvait détourner les meilleurs esprits de sa prose aérienne et savante.

Et, comme l'aristocrate du dix-huitième siècle, le diplomate du vingtième, dont La Mente fut « la petite maison » et l'architecture intérieure une seconde passion, a touché à tout, le roman, la nouvelle, le théâtre, l'essai, l'astrologie, la critique, la politique, et même le conte pour enfants. Le talent dispersé indispose toujours ceux à qui la nature a refusé la joie de vivre et d'écrire.

On a occulté Jean-François de Bastide ; je ne voudrais pas qu'on négligeât François-Régis Bastide.

Dans le ventre de l'orgue

Ce n'était pas d'être originaire de Biarritz, station balnéaire de la Côte basque où Napoléon III fit édifier la villa Eugénie et Édouard Bastide une maison rose dans un parc planté de lagustrémias et de glycines, que Régis s'enorgueillissait le plus, c'était d'être né, en 1926, près de son cher Maurice Ravel, qui avait vu le jour à Ciboure, sur la Nivelle, 12, rue du Quai, en face de Saint-Jean-de-Luz. Il prenait pour un signe du destin ce voisinage gascon avec le grand prince du vaporeux.

(Novembre 1946. Régis a vingt ans. Il donne, à Biarritz, une conférence sur « Ravel le Basque ». Sa première. Tout au long de sa vie, il parcourra en effet le monde pour sacrifier, avec un bonheur d'érudit comédien et un art consommé de charmeur de dames en chignon, au rituel des *causeries* littéraires et musicales. Ce jour-là, malgré le trac retenu par une cravate serrée, il est aux anges. Devant sa famille et les spectateurs nombreux de sa ville natale, où il célèbre le compositeur du *Boléro*, il montre déjà l'étendue naturelle de ses jeunes dons : car sa voix porte, son texte est brillant et, pour étayer ses éloges, quittant le micro pour le piano, il joue, avec grâce, *Oiseaux tristes* et *Sonatine*. J'ai retrouvé les vingt-sept pages de son panégyrique, elles sont dansantes, endiablées. Il loue « l'invention mélodique, la pureté des lignes et surtout la puissance rythmique d'une œuvre tout entière imprégnée de luminosité basque ». Il en appelle à Descartes, Constant et à Fargue. Il décrit chaque morceau comme s'il s'agissait d'un roman, notamment ce *Concerto pour la main gauche* commandé par le pianiste autrichien Wittgenstein auquel la guerre n'avait laissé qu'un bras. Il raconte la vie merveilleuse et tragique de cet homme qui fut l'ennemi acharné des honneurs, des distinctions, des titres, des consécrations officielles, de « tout ce qui tend à vieillir l'homme en le désignant de son vivant à l'admiration des foules », que même les fêtes basques en son honneur, jeux de pelote, fandangos, toros de fuego, intimidaient, et qui refusa la Légion d'honneur en expliquant : « Avez-vous remarqué que les "légionnaires" sont semblables aux morphinomanes, qui emploient tout, même la ruse, pour faire partager aux autres leur passion, peut-être pour la légitimer à leurs propres yeux ? » Il tient enfin que l'apparition de Ravel au vingtième siècle, à Ciboure, sur la mer Océane, est plus qu'un phénomène musical, « c'est un phénomène esthétique », qui le réconforte d'une époque qu'il n'aime pas. Au lendemain de la guerre, il revient donc au pays pour proclamer qu'il a un maître, le prouver, s'en flatter, et le public biarrot applaudit ce jeune spahi si mélomane et si éloquent.)

L'enfant François-Régis, doté par miracle de l'oreille absolue, n'a pas eu à la demander, ni à s'en étonner, la musique lui a vraiment été donnée. Dans la maison familiale, elle était partout : il y avait un grand piano Gaveau, trois violons, dont celui de sa mère, par ailleurs excellente soprano, deux violoncelles rouges et même un orgue de cathédrale acheté, sur les falaises d'Ilbaritz, au baron de l'Espée. Son grand-père, banquier à Bayonne, dirigeait cet orchestre de chambre. Il avait connu Gabriel Fauré et Saint-Saëns, possédait une voix de baryton-martin, se flattait de composer des morceaux sentimentaux et d'avoir fait pleurer le directeur de la Société générale en interprétant un nocturne fauréen qu'il avait écrit pour la femme de ce dernier. Il initia le jeune Régis à Schumann, mais aussi à Fauré et Chopin. Le père, médecin des gens heureux et fortunés, cavalier du dimanche, adorait Wagner et Bach. C'était, hors consultations, l'organiste de la famille.

À sept ans, Régis l'aidait à accorder son instrument : il tenait chacune des notes des deux claviers tandis que son père s'introduisait, tel un reptile, dans l'énorme soufflerie, éclairait avec une lampe torche le coffre, le buffet, le sommier, la laye et tapotait les tuyaux avec une petite baguette en plomb, à la recherche mystérieuse, obsessionnelle, du son juste. Parfois, du fond de la forêt de bois et de cuivre, le père criait à son fils, qu'il vouvoyait : « Donnez-moi tout l'accord de *do*, puis de *ré*, puis de *mi* ! » L'exercice pouvait durer trois jours durant et, mélodie en sous-sol, s'apparentait à de la spéléologie. À la fin de l'aventure, le médecin avait rendu à l'orgue sa mémoire.

Dans celle de Régis, Alfred Cortot occupait une place paradoxale. Un soir de 1940, il avait eu la surprise de découvrir, chez lui, le maître qui faisait ses gammes sur le grand Gaveau familial. Car le fondateur de l'École normale de musique s'apprêtait, le lendemain, à donner un récital au Casino de Biarritz, et le conseiller municipal Édouard Bastide avait donc mis sa belle maison à sa disposition. De voir un immense pianiste, capable de jouer le quatrième prélude de Chopin avec une liberté extraordinaire, avec cette ardeur et cette mélancolie qui devaient être celles de Chopin soi-même, de le voir travailler, dans son salon, comme un enfant, de manière à la fois scolaire et résignée, avait été pour l'adolescent de quatorze ans un choc qui devait le marquer à jamais. Si même ce virtuose ahanait sur le clavier, qu'espérer du petit don que la nature lui avait donné ? Le lendemain, Régis se rendit au concert. Sans génie, mais avec, disait-il, le sens de la mélodie absolue, Cortot joua le concerto de Schumann écrit pour l'amour de Clara. « J'étais assis, se souvenait Régis, à côté du commandant allemand de la place, un aristocrate très mélomane. Je battais la mesure en tapotant avec mes doigts. L'officier fit soudain claquer sèchement sa main gantée de noir sur ma cuisse. Ce fut, inoubliable, ma première leçon de maintien dans un concert. »

Régis, très tôt, se crut compositeur. Sans cesser de travailler, tel Cortot, deux heures par jour son piano et d'accompagner à l'orgue, chaque dimanche, la messe solennelle où sa mère chantait — c'était à Saint-Joseph de Biarritz, un ancien couvent de Dominicains —, il écrivit des sonates, noircit des nocturnes, osa des bribes de symphonies, se lança dans un *Scherzo furioso* sur trente-cinq portées, et défia, depuis son balcon bourgeois, l'auteur de *L'enfant et les sortilèges*. Même Georges Auric devait plus tard lui trouver « un certain talent ». La guerre, l'Occupation et son engagement, à dix-huit ans, dans la division Leclerc suffisent-ils à expliquer sa vocation soudain malmenée ? Je l'ignore. Je sais, en revanche, qu'il n'a jamais cessé de vivre dans le persistant regret du musicien qu'il eût tant voulu être et du chef d'orchestre dont il avait à la fois l'autorité et le physique échevelé.

Sans doute ne consentit-il à devenir romancier que pour tenter de trouver un équivalent littéraire à ses partitions interrompues et inspirer à son lecteur, rageant chaque fois de ne pouvoir y parvenir, cette émotion intraduisible que provoquent un concerto, un lied, une fugue, un requiem, lorsqu'ils semblent tombés du ciel et qu'ils y retournent ensuite, emportant avec le silence une part obscure, inavouée, de nous-mêmes. Il partageait avec le mozartien Mauriac l'insatisfaction de n'être qu'un écrivain dont les livres survivent alors que la musique, c'est son privilège, continue de vivre.

Jusque dans ses maladresses, son romantisme facile, son inépuisable nostalgie, Bastide a été le musicien du roman comme Balzac fut le peintre du roman. Il n'a jamais commencé un livre sans s'être, au préalable, donné un modèle — sonate ou symphonie — qu'il s'obligeait à respecter. Ainsi de *L'homme au désir d'amour lointain*, conçu comme une exacte variation du *Boléro* de Ravel, roman crescendo écrit en *ut* majeur, à la première personne du singulier, et conclu, dix pages avant la fin, à la troisième. Et puis Schubert pour *La jeune fille et la mort* et *La fantaisie du voyageur*, Schumann pour *La forêt noire*, Haydn pour *Les adieux*, Ravel encore pour *Le troisième concerto*. Autant de livres écrits sur les ailes du chant.

Toujours, dans sa vie, quelles que soient ses activités, il resta fidèle à ses premières amours, à la plus élémentaire des thérapies : « Je n'ai jamais vu, chez moi, qu'une grande tristesse ne soit apaisée par une soirée à mon piano. » À vingt ans, il dirigea, en uniforme de spahi marocain, les programmes musicaux de Radio Sarrebruck et composa même une *Messe au général Koenig* pour baryton solo, orgue et percussions. Devenu deux ans plus tard secrétaire général du centre culturel de Royaumont, une insoucieuse abbaye dotée d'un orgue, d'une bibliothèque et d'un terrain de tennis, il créa avec Roland de Candé « Les semaines musicales internationales » et demanda à Jean Cocteau d'en rédiger les principes, qui s'exécuta aussitôt : « Royaumont est un lieu de silence, donc de musique. L'Europe crève d'un manque de cérémonial, je vous félicite d'en instituer un de premier ordre. » (Pourquoi diable, en 1947, l'Europe crevait-elle d'un manque de cérémonial ? Cela reste pour moi un mystère absolu et la preuve que Cocteau ne résistait jamais au clinquant d'une formule, fût-elle creuse.)

Éditeur au Seuil, Régis fonda la collection « Solfège », qui était destinée à mettre les grandes œuvres à la portée de tous. Et je me souviens que, avant et après les enregistrements du *Masque et la plume*, dans le studio 104 de la Maison de la Radio, il ne résistait jamais à la gourmandise de jouer un peu de Schumann, de Schubert ou de Brahms, sa trilogie intime, sur le piano à queue dévolu aux intermèdes improvisés de Christian Ivaldi. Et si, à La Mente, il n'y avait pas de piano, je l'entends encore chanter en jardinant, en conduisant ou en nageant. Même aux toilettes, il chantait. C'était à la fois son équilibre et sa respiration. Cioran tenait que « la musique est le refuge des âmes ulcérées par le bonheur » ; Régis y voyait plutôt le refuge des âmes dont le principal bonheur est de se souvenir du passé avec précision.

Il avait la passion de l'alto sous ses deux formes, le violon et la voix de femme, la plus belle, selon lui, la plus humaine. Des altistes, il disait qu'il avait toujours envie de les consoler. Longtemps, on les avait en effet considérés comme des violonistes ratés, des « violonistes diesel » lui avait même affirmé, avec condescendance, le premier violon du quatuor à cordes de l'Orchestre de Vienne. Vienne où, dès son installation à l'ambassade de France, saisi à la fois par l'impérieuse langue allemande et l'empire de la musique, il eut la troublante sensation, m'avoua-t-il un jour, de revivre ses émotions paradoxales de jeune soldat chargé d'occuper, au printemps 1945, l'Allemagne en ruine. Il n'était alors animé ni par le goût de la revanche ni par la fièvre de la victoire. Il ne connaissait pas la haine, il cherchait au contraire à trouver des raisons à l'empathie instinctive qu'il éprouvait pour un peuple désormais souffrant dont il n'avait jamais laissé d'aimer le théâtre, les poèmes et les cantates.

Avant lui, les Résistants Jacques Decour et Jean Prévost, tous deux tombés sous les balles nazies, l'un en 1942 au Mont-Valérien, l'autre au pied du Vercors en 1944, avaient voulu croire jusqu'au bout à la résurgence de l'Allemagne éternelle, celle de Goethe et de Kleist — l'Allemagne, écrivait le germaniste Decour, « ce champ de bataille séculaire entre la civilisation la plus haute et la barbarie la plus inhumaine ». Et dans mon *Pour Jean Prévost*, retrouvé dans la bibliothèque de La Mente, Régis avait souligné au crayon noir cette phrase écrite à la fin des années trente où l'auteur des *Frères Bouquinquant* estime que, pour sauver la paix, il convient de « lier les intérêts allemands aux intérêts français d'une façon stable et durable », tellement il était convaincu qu'un idéal européaniste vaincrait, *in extremis*, l'idéologie hitlérienne.

Régis avait lui aussi rêvé au *Prince de Hombourg* et fait siennes *Les affinités électives*. Son uniforme sentait le neuf. Mais c'était moins le militaire que le musicien, convaincu de l'universalité de son art, tout plein de Novalis, de Bach et d'une mélancolie sans emploi, qui logeait chez l'habitant soupçonneux, à Amersee.

Il faut relire son tout premier livre, *Lettre de Bavière*, publié en 1947 chez Gallimard, pour comprendre ce qu'éprouve, à moins de vingt ans, un garçon ténébreux qui se moque des écriteaux plantés, dès la frontière, par les armées d'occupation : « Vous êtes ici en Allemagne, en territoire ennemi, vous ne devez échanger que des paroles indispensables avec les civils. Ne compromettez pas le succès de nos armes par vos bavardages. » Or, Régis était bavard. Surtout avec les jeunes filles de dix-neuf ans.

Elle se prénommait Barbara. Elle avait de longs cheveux, une langue fine, était étonnamment douée pour la musique et possédait chez elle deux pianos « noirs et nus, comme je les aime, encastrés l'un dans l'autre, semblables à un grand oiseau nocturne dormant sur ses ailes repliées ». Pour lui seul, « la jeune descendante de Schumann » joua *Gaspard de la nuit*, de Ravel, avec mieux que du talent, de l'inspiration. « Peu de jeunes filles françaises comprenaient Ravel avec cette profondeur. » Pour la remercier, quelques jours plus tard, il improvisa : « J'étais comme ivre. J'enchaînais les rythmes les plus étranges les uns aux autres, je plaquais de véritables armures d'acier sur le clavier, j'exaspérais l'ivoire pour en faire jaillir de grands cris inhumains. Puis les vagues venaient, une à une, s'éteindre, lassées, sur le sable et je déroulais une douce mélodie arpégieuse, simple comme la chanson d'une jeune femme déçue, résignée, qui murmure au vent sa tristesse. C'est ce que je voyais, en laissant parler mes mains. Et, je ne sais pourquoi, cette jeune femme se met tout à coup à ressembler à la France... »

Tout ce que je sais de Régis est dans ce premier livre gauche et fier. Fou d'Allemagne, de musique et de femmes, conquérant plus inquiet que vaniteux, choqué par la façon qu'ont les Français d'occuper le pays vaincu, plaçant l'amour à des hauteurs inatteignables, engoncé dans une prose française aussi serrée qu'un uniforme kaki, avec l'irrépressible envie de la faire voler en éclats, persuadé enfin que le langage du piano est le seul que tout le monde puisse comprendre, le seul capable de réconcilier ceux qui se sont tant détestés.

L'éloge dont il était le plus fier, c'est François Mauriac qui, dans son *Bloc-notes*, le lui avait décerné et auquel il s'est attaché à être fidèle : « Le grand musicien en puissance qu'est peut-être François-Régis Bastide, et qui n'avait pas su se délivrer, prend sa revanche grâce à l'écrivain qu'il est devenu. » L'auteur des *Mains jointes* s'était enthousiasmé, en octobre 1963, pour *Le troisième concerto*, un film réalisé par Marcel Cravenne pour la télévision et dont Régis avait écrit non seulement le scénario mais aussi — c'était peut-être sa plus grande fierté — la musique originale, qui était jouée par l'Orchestre Radio-Lyrique de l'ORTF sous la direction de Marius Constant. Il interprétait en outre le présentateur TV qui, à la fin du film, annonce d'une voix grégorienne le crash d'un avion de ligne à destination de Melbourne et la mort de la pianiste allemande Catherine Miller, à laquelle Delphine Seyrig prêtait ses traits d'oiseau. La grande interprète venait de donner, au Théâtre des Champs-Élysées, le *Concerto en* sol, de Maurice Ravel, et s'apprêtait à revenir plus tard à Paris avec le *Concerto pour la main gauche*. Épuisée par ses tournées à travers le monde, aspirant à redevenir une femme comme les autres, gagnée par l'amnésie et la folie (elle se demandait si elle avait joué, ou non, de Ravel, un imaginaire troisième concerto « en E dur »), la virtuose, mariée à un lointain compositeur et mère d'un petit Tom, s'était confiée, avant de disparaître accidentellement, au critique musical Gilles Bollème (incarné par Dominique Paturel), qui lui vouait une amoureuse admiration et, pour définir la musique, avait ce mot magnifique : « Elle sort du silence. Elle avance tranquillement. Elle grandit. Et puis, elle retourne au silence. Elle a eu peur. »

Mais le compliment de Mauriac vaut d'abord, selon moi, pour le plus allègre et symphonique de ses livres, *La fantaisie du voyageur*, qu'il écrivit à cinquante ans. Toute sa vie y est romancée, toutes ses passions y sont orchestrées. L'enfance heureuse dont on ne guérit jamais. L'adolescence basque, l'orchestre imaginaire qu'il dirige avec un crayon ou une lime à ongles, et les journées sans fin, sans nuit, à écrire des kilos de musique inutile : « J'empilais de solides agrégats multicolores. Le mélange n'était pas sans grâce, toujours inachevé, brumeux, à peu près injouable, mais sauvé, à mes yeux, par les titres les plus littéraires que j'avais pu trouver. Quelque chose comme le délire de Nerval, échappé de chez le docteur Blanche, et traversant les Tuileries en quête du trésor des Médicis. » L'arrivée, ensuite, du jeune aspirant français en Sarre, ce « pot à charbon », et la découverte émerveillée de l'Allemagne musicale, où il travaille à la fois à reconstituer les orchestres dissous par la guerre, à créer un conservatoire et à faire connaître le répertoire français. L'Allemagne qui est aussi, pour le maigre séducteur en Pataugas, la patrie définitive de l'amour, l'incarnation de la « femme unique, élue, grande, lyrique, pesamment espiègle, jalouse, frénétique, universellement secrète, à moi seul réservée ». Et il ajoute, avec ce lyrisme sentimental que rien n'arrête et qui me procure la troublante illusion, en le lisant, d'entendre, intacte, sa voix haut perchée : « Aujourd'hui encore, et jusqu'à ma mort, sans doute, il n'est de femme nouvelle et bonne qu'un peu allemande. Elle pourrait être turque ou aztèque, je lui donne, pour l'aimer, l'air allemand qui m'est indispensable plus encore que l'amour. »

Chaque fois que j'en relis des pages, cette *Fantaisie du voyageur* m'émeut. Le roman montre en effet Régis tel qu'il se voyait, tel qu'il se rêvait, tel aussi que je le regrette. Jusque dans sa prose ondulante, chatoyante, coruscante, ce livre gigogne ressemble à ce qu'André Suarès disait de la musique de Ravel, « ni un océan, ni un fleuve immense, mais un beau lac dans la vallée, aux proportions heureuses, aux horizons choisis ».

Et pourtant, c'est une musique que je n'aime pas, pas plus que Régis n'aimait la mienne. Ravel m'ennuie, Debussy m'exaspère, Fauré me déprime. La mienne ? Les cuivres de Purcell, les cordes de Vivaldi, les clavecins et les chœurs de Versailles, les opéras de Rameau, les largos des concertos de

Mozart, les cantiques de Charpentier, les *Suites* de Bach, les *Leçons de ténèbres* de Couperin, le *Ombra mai fu* de Haendel, le *Orphée et Eurydice* de Gluck, les requiems, les cantates, les messes, les voix de haute-contre, le frémissant chant des anges, les lamentos, les psaumes, les oratorios d'église et les sonates de manège, l'orgue pour prier et le piano pour piaffer, le latin chanté et la toccata cliquetante des mors de bride, le miaulement des cuirs de selle, le souffle de l'encens et des chevaux, les arts florissants, la somptueuse et bouleversante musique de l'enfance.

Tout cela, pour Régis, était trop catholique ou trop régalien, il se méfiait des larmes et des trompettes, il préférait les fantaisies aux antiennes, les valses aux motets et les casinos aux basiliques, nous n'avions en commun que Schubert, le compositeur préféré, pour accompagner les appuyers au passage des écuyers de l'École espagnole de Vienne.

Notre amitié devait beaucoup à ce qui nous opposait et à la tranquille, la moqueuse certitude que nous avions de ne pouvoir jamais nous convertir l'un et l'autre aux musiques qui nous étaient étrangères. Il me disait : « Tu as des goûts de cavalier », je lui répondais qu'il avait des goûts de cavaleur, et l'on riait. Il ajoutait alors : « Dans ma vie, je n'ai pas été un bon ami, j'étais trop pudique pour l'être, trop jaloux aussi. Avec toi, c'est différent. Il était temps. »

Paul et Régis

C'était en février 1944, à Biarritz. Régis avait dix-huit ans et les cheveux courts. Huit mois plus tard, il allait partir faire un peu de guerre et traverser le Rhin en bombant le torse derrière le général, venu tout droit du désert tunisien, qui avait libéré Paris. À peine sorti du lycée, il venait de donner, dans sa ville, une conférence sur *Giraudoux et la France*. Éperdu de littérature, il n'avait rencontré jusqu'alors, en fait de grands hommes, que des musiciens, des médecins et les aristocrates en villégiature auxquels son père distribuait des gouttes pour rajeunir et des cachets pour dormir. Le professeur et agrégé de lettres Paul Gadenne, venu l'écouter avec curiosité, fut le premier écrivain vivant que l'adolescent, subjugué, approcha. C'était donc ça, un *auteur*?

« Il avait vingt ans de plus que moi, qui m'en paraissaient cent, il était exilé dans mon pays natal, il sentait le Nord sous sa cape de maigre loden beige, il toussait, il était pris de quintes, parfois, qu'il changeait en fous rires effrayants, il m'a reproché de trop aimer Musset, il m'a parlé de Hölderlin, c'était tout de même autre chose, il m'a montré ce qu'il y avait d'allemand chez mon cher Giraudoux, et de moins limousin, il m'a dit que la vie, l'amour, la mort étaient graves, qu'on ne se remettait pas si facilement d'avoir dix-huit ans… »

Lorsque Régis revint d'avoir occupé la Sarre, Paul Gadenne était toujours là, qui se battait, sans armes, contre la tuberculose à Cambo-les-Bains. Et contre l'absolue misère. Le romancier convalescent de *Siloé*, ce beau livre rédigé au sanatorium de Praz-Coutant qui fut, somme toute, sa *Montagne magique*, toucha l'uniforme défraîchi du jeune soldat avec envie ; c'est que ce burnous avait vu du pays, il sentait la poussière de la route.

Ils reprirent alors, dans l'air salé, leurs longues conversations sur Saint-Simon, Balzac, Faulkner, Giono, Blanchot, Leiris, Cioran, et sur l'épuisant travail de vivre. Car Gadenne savait ses jours comptés. Régis, au contraire, était plein d'espoir et d'ambition.

Pendant que l'aîné broyait du noir, son cadet s'en alla jouer le Rastignac à Paris. Très vite, Régis se fit une *situation*. Il donnait des chroniques aux gazettes et déjeunait avec l'impérial Montherlant afin de se faire expliquer l'expression, qui le fascinait, de « voyageur traqué ». Gadenne, lui, cherchait en vain, au Pays basque, un logement convenable dans une

HLM, de quoi manger et s'habiller, un peu de silence pour écrire en paix, car ses voisins de la pièce non chauffée qu'il occupait dans la villa Mayi-Ena, ces « sagouins », faisaient un bruit épouvantable et permanent. Il espérait, de la lointaine capitale où déjà Régis brillait, plus long et souple qu'une lame de Tolède, un peu de reconnaissance littéraire et même un éditeur. Malgré l'enthousiasme de Gaëtan Picon, de Marcel Arland, d'Albert Béguin, il avait en effet le sentiment de n'être pas lu, ou d'être mal lu, ce qui est pareil : « Pourquoi les gens ne veulent-ils pas voir que les romans sont des *incantations* ? »

Il pose cette question dans une des très nombreuses lettres adressées à Régis, qu'il tutoie, appelle « mon petit », embrasse affectueusement en lui répétant : « Sauf toi, je ne crois plus personne ! » Je les feuillette, à La Mente, dans la chemise où mon ami les a pieusement conservées. Le papier blanc a jauni, le papier bleu a blanchi. L'écriture maigre, pressée, époumonée, court derrière son impatient destinataire, elle semble aux abois, elle réclame de l'aide : « Je cherche un journal qui pourrait prendre de ma prose, assez régulièrement, sur n'importe quoi, des livres ou autre chose. N'aurais-tu pas une idée ? » Et, plus tard : « As-tu eu l'occasion de voir ce Delmas, de Bordeaux, dont tu m'avais parlé pour une préface ? » Car il n'a même pas de quoi s'acheter des livres et prie son interlocuteur privilégié, si bien portant, de lui prêter *Les pléiades*, de Gobineau, de lui envoyer *Le hussard sur le toit*, de Giono, *L'homme révolté*, de Camus, des numéros de *La Table Ronde* ou de la *NRF*.

Les rechutes brutales succèdent aux brèves rémissions, la maladie ne veut pas le quitter, à quoi s'ajoutent l'humiliation d'être pauvre, le désarroi d'être oublié. 12 octobre 1952 : « Je me sens réduit, tout petit, un grain, un grain de rien. » À Cambo, il ne trouve personne à qui parler : « C'est une petite mort tous les jours. J'ai le sentiment que je ne verrai plus jamais un visage ami. Je n'ose même plus écrire. Sauf toi, il me semble que mon existence empoisonne tout le monde. Bayonne même m'apparaît dans un mirage inaccessible. Je n'y comprends rien. J'ai trop de force pour me résigner, pas assez pour surmonter ma fatigue. » 3 mai 1953 : « N'y a-t-il pas une malédiction sur moi, sur mes efforts ? » Dans chacune de ses lettres, il attend la guérison, un mandat, une invitation, un rendez-vous, et cite plusieurs fois ce dialogue de Kafka, qui lui ressemble tant : « La personne que vous attendez ne viendra pas. — Cela ne fait rien. Je préfère la manquer en l'attendant. »

Gadenne lit parfois avec apaisement, où perce un sentiment de fierté, les premiers livres de Régis. Il juge que ses personnages manquent de « destin » (« Je suis à la recherche d'une destinée, non pas d'une fonction sociale », professe Simon Delambre, dans *Siloé*), mais il aime sa « belle prose, pleine de miroirs aux oiseaux, où les pensées viennent se faire prendre par éclairs, où les phrases brillent de vifs reflets jamais prolongés »... Il lui demande de lui raconter, par le détail, tous les voyages qu'il ne pourra plus faire, de le dépayser, de lui décrire, ruelle par ruelle, Amsterdam, Stockholm, Copenhague, et les inaccessibles espaces de la lointaine Amérique. Il lui sait gré, aussi, de tout ce que, sans répit, avec une obstination qui montre le vrai et généreux visage de son jeune protecteur, Régis écrit sur ses livres, du *Vent noir* à *La plage de Scheveningen*, sans cesser de s'ingénier, le plus discrètement possible, à lui obtenir du travail, un salaire, un logement (il alerte le maire, le préfet, jusqu'à l'évêque de Bayonne, qui lui répond, en novembre 1951, songer « à une sorte d'arrangement permettant à M. Gadenne de passer l'hiver dans une villa de la région. Tant de villas sont vides pendant huit ou neuf mois de l'année ! »).

En 1955, paraît le dernier roman publié, de son vivant, par Paul Gadenne, *L'invitation chez les Stirl*. Un peintre, Olivier Lérins, retrouve un couple d'amis, Allan et Ethel Stirl, dans son immense villa du Pays basque gardée par deux bergers allemands et usée par le temps (« Sous un effondrement de lierre, une inscription où les insectes pondaient leurs œufs dans les lettres gravées qui composaient le glorieux nom des Stirl »). Le séjour devait être idyllique, il tourne au cauchemar. Le huis clos est étouffant. La mort accidentelle d'Allan libère Olivier de sa prison et le lecteur de ce roman fantomatique « où ce qui compte est tout ce qui n'est pas dit ». Régis est fasciné. Il l'écrit, une fois encore, dans l'une de ses chroniques : « On conçoit à chaque page qu'Olivier pourrait aimer Ethel, tuer Stirl, se faire dévorer par les molosses de la maison, ou par Ethel, ou s'enfuir, ou mourir lui-même de cette humidité, de ces palmiers moites qui le tiennent éveillé par leurs frissons nocturnes. »

Paul Gadenne s'éteint à quarante-neuf ans, le 1er mai 1956. En novembre de la même année, Régis reçoit, pour *Les adieux*, le prix Femina. Le jour de sa consécration, il demande à faire une déclaration à la presse. Sa voix est émue, presque enrouée : « J'ai eu six voix et, l'an dernier, Paul Gadenne, pour un grand livre, *L'invitation chez les Stirl*, en a obtenu deux. J'ai eu l'une des deux, celle de Jeanne Galzy, et il me semble que Paul Gadenne, mort il y a quelques mois, m'a donné toutes les autres. C'est à toi, Paul, aujourd'hui, que je pense d'abord. » Car la mort n'a pas suffi à briser le dialogue entre les deux hommes que tout semblait opposer et qui s'étaient découverts si proches, dans le Biarritz blessé de l'après-guerre. Tout au long de sa vie, Régis va œuvrer sans relâche afin qu'on lise son ami disparu ; un écrivain doué pour le bonheur plaide pour un désemparé perpétuel. C'est lui qui publia au Seuil, en 1973, *Les hauts quartiers*, ce roman inachevé de six cents pages, d'une déchirante noirceur, où un philosophe et théologien miséreux, qui se meurt dans une petite ville exécrée de la province bourgeoise et catholique des années 1950, s'efface lentement afin d'accéder, malgré l'enfer du quotidien, à la plus haute, la plus pure spiritualité. Régis l'offrit à Mitterrand qui, après l'avoir lu, d'une voix d'augure donna son verdict : « Vous savez, *Les hauts quartiers*, ce n'est pas Dostoïevski, mais il ne manque pas grand-chose... »

En poste à Copenhague, où les devoirs de l'ambassade l'occupent jour et nuit, Régis trouve encore le temps d'envoyer à *Libération* une ode à l'auteur de *La rue profonde* : « Il m'a appris à ne jamais croire tout à fait à quoi que ce fût de temporel. À notre époque où n'importe qui est sacré grand écrivain par des jeux parisiens qui n'amusent plus grand monde, il est bon que l'homme né à Armentières et mort à Cambo sorte de l'ombre, poussé par la seule ferveur de ceux qui le lisent. Depuis le douzième siècle, l'incantation, c'est bien cela : c'est lorsque le chevalier revient, soulève son heaume, regarde les vivants assemblés, et qu'on se tait pour l'entendre enfin. »

Les efforts de Régis n'ont pas été vains. Un demi-siècle après sa très discrète disparition, on lit Gadenne, on le réédite, on publie de lui des inédits, des *Carnets*, des poèmes et *Baleine*, cette nouvelle où tout son art est concentré. J'aime l'idée qu'en littérature, et pourvu qu'on laisse du temps au temps, la justice l'emporte *in fine* sur l'ingratitude. J'aime que les vivants en bonne santé s'activent à sauver de l'oubli les morts qui ont tant souffert. Je crois même que, sans oser toujours l'avouer par crainte de laisser accroire que je négligerais mes contemporains, je n'ai aimé, depuis trente ans, exercer le métier de critique que pour ce bonheur inouï de travailler à faire à nouveau « entendre », comme dirait Régis, la voix des insoumis, des réprouvés, des irréguliers, des tempétueux, des mélancoliques, des suicidés de la société, des résistants de l'ombre, des solitaires irréductibles dont, c'est un mystère au regard des privilèges que le destin a bien voulu m'octroyer, je me sens si proche.

Mes Gadenne à moi, ce sont Jean Prévost, l'héroïque stendhalien du Vercors ; Georges Perros, le moraliste railleur et râleur de Douarnenez qui s'était fait un « non » et dont les *Papiers collés* ne quittent jamais ma table de chevet ; Marc Bernard, l'écrivain communiste de *Pareils à des enfants* qu'effleurait, à la fin de sa vie, « le souffle de Dieu » ; Emmanuel Bove, romancier crépusculaire, peintre allègre du désespoir ; Charles-Albert Cingria, le baladin primitif et précieux du monde occidental ; Georges Hyvernaud, le chroniqueur de la détresse qui, malgré *La peau et les os*, est mort dans l'indifférence ; Henri Calet, l'écrivain des dimanches de la vie qui mettait de l'eau de Seltz dans sa prose, l'émerveillé triste de Ménilmontant qui « attire la misère » et sans cesse « chiffonne son passé » ; Jacques Mercanton, qui me racontait, en marchant sur les rives du

Léman, le James Joyce dont il avait été le secrétaire particulier ; Olivier Larronde, le poète des *Barricades mystérieuses* foudroyé à trente-neuf ans ; Jean Meckert, l'ouvrier-maquisard de l'Yonne, le percutant auteur des *Coups* que j'allais voir dans sa maison du Gâtinais où il me disait : « Je n'aime pas les gens qui causent » ; et mes chers Bordelais, Jean de La Ville de Mirmont, Raymond Guérin et Jean Forton. Mais aussi Thierry Metz, qui était manœuvre dans la journée, poète la nuit, approvisionnant les maçons ou ravitaillant la langue, et que la mort de son enfant de huit ans a terrassé, l'auteur des *Lettres à la bien-aimée* s'est suicidé en sortant de l'hôpital psychiatrique de Cadillac, il avait quarante ans ; Alain Chany, le Radiguet de l'agit-prop qui ne survécut pas à *L'ordre de dispersion* et partit élever des brebis noires sur un plateau d'Auvergne où il doutait, m'écrivait-il sur des feuilles Clairefontaine, « de la nécessité de toute activité mentale » ; André Dhôtel, qui m'apprit qu'écrire, c'était « d'abord se corriger » ; Henri Thomas, qui me parlait si bien de Corbière, Marmontel, Dadelsen et Prevel dans la chambre de la clinique parisienne où, entouré de gouaches représentant l'île de Houat par gros temps, il se mourait lentement ; ou encore Jacques Chauviré, le médecin des humbles dont je suis allé recueillir, la veille de sa disparition, la confession testamentaire à Neuville-sur-Saône, sur les bords de son « *fleuve nourricier* ».

C'est la famille littéraire que je me suis choisie. Elle ne brille pas, elle n'épate personne, elle ne fait aucun bruit, mais elle me tire parfois des larmes. Je sens bien qu'elle n'est capitale que pour moi. Lorsque, au gré de modestes publications chez de petits éditeurs toujours menacés de faillite, je tombe sur des lettres de ces écrivains mal-aimés, j'ai envie d'y répondre comme si elles m'étaient destinées. Et parfois d'y ajouter un mandat postal.

Je m'égare. Tel un cheval rênes longues, Paul Gadenne m'a attiré là où je ne pensais pas aller, au fond humide des bois obscurs. Si je n'y prends garde, le livre que j'écris risque de m'échapper. Comme je suis loin, soudain, de Régis, dont l'amitié me manque si fort, mais dont les romans, s'ils me charment toujours, ne m'ont jamais aidé à vivre mieux, plus haut. Ils sont trop heureux pour me combler, et pas assez lézardés. Ils claironnent et sont pleins de lumière blanche. C'était notre Ravel et j'ai besoin, ce soir, d'écouter les *Leçons de ténèbres* chantées par Alfred Deller dans la nuit du souvenir. Il me le pardonnera.

Service de presse

« On le relira, vous verrez, il reviendra… » C'est Patrick Modiano qui, en ce mois de septembre 2007, dans son appartement de la place Saint-Sulpice, me parle de Régis. Il aime qu'on enquête sur le passé, à condition que celui-ci soit indistinct, nébuleux, insaisissable, et même fourbe, qu'il rôde dans Paris entre chien et loup, qu'il surgisse à l'improviste pour mieux disparaître à nouveau, courant l'air. Lui-même vient de rassembler, pour un roman, dans un café de l'Odéon du début des années soixante, Le Condé, quelques écrivains négligés, tel Arthur Adamov, ou totalement oubliés, parmi lesquels Victor Maurice Le Page, alias Maurice Raphaël, alias Ange Bastiani, un auteur de romans policiers auréolé d'une légende sulfureuse. Sur son bureau repose un annuaire téléphonique de cette époque, quand les préfixes — Médicis, Passy, Trudaine, Nation, Trocadéro, Auteuil — dessinaient un Paris encore villageois, tout droit sorti du *Tableau* de Louis-Sébastien Mercier. « C'est utile », lui dis-je avec ironie. « On ne sait jamais », ajoute-t-il en souriant.

Malgré l'allure, qui l'apparente davantage à une girafe égarée dans la brousse, Patrick est Lion et, si je me réfère au livre de Régis, *Les secrets du zodiaque*, le Lion (famille Louis XIV, Napoléon, Liszt, et Claudel) n'aime pas qu'on parle de lui : « Il s'acquitte fort bien tout seul de cette mission dont il est toujours, par lui seul, chargé. » J'ai donc lancé le nom de Bastide comme une pelote à un grand félin, et aussitôt, avec cette attendrissante gaucherie, cet insondable désarroi, ce bafouillage légendaire — ou plutôt, cette parole qui, procédant par repentirs successifs et tâtonnements infructueux, exprime en vain l'épuisante quête du mot idéal, de l'idée parfaite, de l'image juste —, Patrick tire le fil de sa mémoire. « Il avait vingt ans de plus que moi et surtout la passion des astres, n'est-ce pas ? » « Il me semble qu'il était lié, par sa femme, à Jean-René Huguenin, et qu'il détestait Sollers... » « Quand il était à Vienne, avait-il senti l'antisémitisme viscéral des Autrichiens ? » « Et sa maison de La Garde-Freinet, elle était au-dessus ou en dessous du village ? »

Il n'attend pas mes réponses, se lève, se dandine, interroge par la fenêtre grande ouverte la lumière fatiguée du soleil qui se couche, attrape de ses longs bras des bribes de souvenirs qui remontent à la surface d'une eau imaginaire. « Je le croisais souvent, lorsqu'il habitait la rue de Vaugirard, il avait l'air ailleurs. Moi-même, je devais l'être un peu. Nos rencontres, le long du Luxembourg, étaient un peu, comment dire, fantomatiques. C'est fou ce qu'il ressemblait à Cocteau. Ah, ce nez ! J'avais l'impression très forte d'une réincarnation. Je l'avais vu aussi dans un congrès du Parti socialiste, je crois que c'était à Rennes, j'ignore ce que j'y faisais. Il militait vraiment, moi, je n'ai jamais su. Les discours, la foule, les mains levées, ça m'effraie toujours... »

Pour exprimer mon regret que le personnage, volontiers expansif et théâtral, l'eût emporté, avec le temps, sur l'auteur de *La palmeraie*, j'évoque le mot filial et sans appel de Maupassant sur son cher Flaubert, juste après qu'il lui eut, à Croisset, fermé les yeux, brossé la moustache et lavé le corps immense à l'eau de Cologne : « Il voulait laisser des livres, et non des souvenirs », me reprochant moi-même d'accumuler, ici, plus d'images que de pages et plus de preuves que de songes.

« Mais non, on le relira, vous verrez, il reviendra », s'exclame soudain Modiano avec une troublante et fauve exaltation. « Il a écrit des bouquins étonnants et puis si *mystérieux*. Celui que je préfère, c'est *Les adieux*. Il faudrait qu'on le réédite. »

Pourquoi *Les adieux* ? Il hésite, se gratte la crinière grise, non, il ne sait plus, mais le roman est là, évident, impérieux, dans sa mémoire de lecteur. Moi, je sais. C'est le plus modianesque des livres de Régis. Il se déroule en partie à Paris, dont Patrick est le seul à connaître aujourd'hui les frontières invisibles, la topographie secrète, les maisons disparues, les rues des boutiques obscures, les zones neutres, les quartiers effacés et, derrière des palissades transparentes, les no man's land. Deux étrangers s'y rencontrent, la philologue suédoise Choralita Brichs, en tailleur de tweed beige, et le prince russe Alexis Vassilievitch Stellovski, noctambule habillé d'« un veston de shantung blanc fané ». Malgré leurs efforts, déployés durant près de trente ans, afin d'être admis par la communauté française, ils ne parviennent pas à pénétrer cette capitale qu'ils ont pourtant choisie, décor grandiose d'un perpétuel exil, où ils errent comme des épaves, sans espoir.

Régis n'a jamais mieux décrit la ville de sa jeunesse émerveillée que dans ce roman de la déambulation vaine et de la fuite éperdue du temps. Il y parle du « creux de Paris », situé quai de l'Horloge, du « Marché Puce » de Clignancourt où l'on déniche pour trois sous « des saints égarés », du carrefour Vavin qui « ressemble à un vieux carrousel, mauve et rouillé », des « Missions lithuaniennes de la rue de Grenelle », de « l'église syrienne de Maubert », de « la géorgienne Sainte-Nina d'Auteuil », ou encore des « Affaires », mot sous lequel il délimite le quartier qui va de la place de la Bourse à la rue du Sentier, et où les commerçants « ont la mine cireuse des grands faillis du dix-neuvième siècle ». Tout est pour

Modiano dans *Les adieux*, jusqu'à cette Choralita, qui s'enfuit avec son secret : « Il ne me reste d'elle, écrit Régis à la fin du roman, que cette machine, de fabrication allemande, dont le clavier est pourtant suédois. J'en déduis que son travail, rue de Courcelles, devait consister à traduire des documents de l'allemand, ou du français, en suédois. Mystérieuse besogne. [...] Je tape, je tape, et ce crépitement déchire la nuit. Il me semble que chaque caractère, lancé par sa tige, jaillit, s'inscrit au ciel, et qu'ainsi tous les vivants et les morts sont informés. »

C'est un livre triste, d'une mélancolie poignante, sur l'irrémédiable solitude, l'abandon universel, l'amour inutile, le déchirement, le renoncement, l'abdication. « Les adieux, c'est ce qui fait le moins mal, lorsque personne ne vous regarde vous en aller », dit le prince au moment de se suicider avec un désarroi calme, et une lame de rasoir.

Il a paru le mois et l'année de ma naissance, de notre naissance, mon frère jumeau et moi, en octobre 1956, dans une clinique de la rue de Marignan. Mon père, qui travaillait déjà aux Presses Universitaires de France, l'avait-il lu ? La critique, élogieuse, ou l'attribution claironnante du Femina l'avaient-elles alerté ? Je n'ai pas retrouvé d'exemplaire dans sa bibliothèque qui comptait, il est vrai, à l'exception de quelques philosophes, anthropologues, historiens, peu de contemporains et aucun prix littéraire. Pour mon père, un livre dont *on par-*

lait trop était toujours suspect. Il avait raison et tort à la fois.

Je possède, en revanche, la liste, établie par Régis lui-même, du service de presse des *Adieux*. Une quinzaine de pages, couleur de feuilles mortes, un relevé cadastral du milieu littéraire, un livret de famille, des fleurs de ruine, une nomenclature à la Modiano. À partir d'elle, on peut reconstituer une époque, un landernau, des mœurs, et jusqu'au pedigree de l'écrivain de trente ans qui, avec ce cinquième roman, voulait conquérir Paris, et a réussi.

Les noms marqués d'une croix sont ceux auxquels il a « personnellement » dédicacé et adressé *Les adieux* : Louis Aragon, qui habite alors 56 rue de Varenne, Jean-Paul Sartre, 42 rue Bonaparte, Marcel Arland, 9 rue Saint-Romain, Dominique Aury, 10 rue Vavin, François Nourissier, 20 rue Jacob, Jean-Louis Bory, 12 rue Séguier, Georges Charensol, 11 quai aux Fleurs, Bernard Frank, 67 rue des Saints-Pères, Jean Paulhan, 5 rue des Arènes, Alexandre Vialatte, 158 rue Léon-Maurice-Nordmann, et François Mauriac, 38 avenue Théophile-Gautier. À la plupart des autres, l'exemplaire est adressé avec une carte mensongère stipulant que « l'auteur est absent de Paris », la forme la plus raffinée de la goujaterie. Certains noms sont barrés et augmentés d'un « non » définitif, tels Michel Butor et Alain Robbe-Grillet, preuve que Régis ne frayait guère avec le Nouveau Roman. Il a en revanche ajouté quelques noms : Kessel, Montherlant, Cocteau, Resnais, Sollers, Polac et Poirot-Delpech, une mêlée de maîtres intimidants, de vrais copains et de futurs ennemis.

Je lis et relis cette liste avec la même curiosité que si je compulsais un guide Michelin des années cinquante, rempli de gargotes disparues, de menus pantagruéliques, de plats au bon beurre et en sauces. « Moi aussi, précise Modiano, je pars à la recherche des points fixes. Il s'agit d'un passe-temps, comme d'autres font des mots croisés ou des réussites. » Outre *Arts*, *Combat*, *Carrefour* ou *Les Lettres françaises*, les journaux s'appellent alors *Action familiale*, *Action laïque*, *Paris-Presse*, *Semailles*, *Le Nouveau Candide*, *Cahiers du clergé rural*, *Ecclesia*, *L'Écho d'Alger*, *Vigie marocaine*, *La Tribune des nations*, *France États-Unis*. Françoise Verny est rédactrice en chef de *L'Express*, Michel Droit dirige *Le Figaro littéraire* et Christine de Rivoyre, *Marie-Claire*, tandis que Max-Pol Fouchet préside aux « émissions culturelles de la RTF ». Au jury Goncourt siègent Roland Dorgelès, Jean Giono, Armand Salacrou, Hervé Bazin, Pierre Mac Orlan et Raymond Queneau, mais il faut aussi compter avec le prix des Critiques et le prix Populiste.

En ce temps-là, alors que je poussais mon premier cri, Régis animait *Le masque et la plume*, écrivait aux *Nouvelles littéraires*, publiait chez Gallimard et allait bientôt entrer au Comité de lecture de la Comédie-

Française. Dois-je désormais, et à mon tour, croire aux astres ; en appeler, sinon à la métempsycose, du moins au mimétisme inconscient ? Car j'ai mis mes pas dans ses pas, je suis allé, sans m'en rendre compte, partout où il est passé, jusqu'au *Nouvel Observateur* où, à vingt ans d'intervalle, nos signatures se sont succédé. J'ai fait mes débuts de journaliste aux *Nouvelles littéraires*, j'anime *Le masque et la plume*, j'ai été pendant six ans au Comité de lecture de la Comédie-Française et je donne mes livres chez Gallimard. C'est d'autant plus étrange que tout, en apparence, me séparait de lui. Je n'aimais pas sa musique pleine de dièses mielleux, faite pour accompagner des films mièvres, son Allemagne chevaleresque recouverte d'un impénétrable heaume, sa Scandinavie peuplée d'elfes et de trolls, son extrême, complaisante sociabilité, son effrénée consommation des femmes, sa fidélité aveugle à un parti politique, et qu'il sacrifiât sur le tard la littérature aux grandeurs d'établissement, mais j'aimais notre amitié fondée sur des désaccords parfaits que rien, jamais, n'ébrécha ni n'assombrit. Il m'arrive de croire qu'il a été, à son insu, mon ange gardien.

« C'est drôle, me dit Patrick Modiano, vos deux vies parallèles qui, finalement, se suivent. Autrefois, je me passionnais pour l'idée nietzschéenne d'éternel retour. J'avais dix-huit ans. » Moi, j'en avais six, et mon frère jumeau, renversé par une voiture, venait de mourir.

La palmeraie

Qui a lu *La palmeraie*? Personne, ou presque. Comme la plupart des livres de Régis, il est d'ailleurs introuvable. À sa parution, en 1967, il fut salué avec la complaisance molle, l'aimable intérêt, les sourires de convenance que l'écrivain *placé*, dont on se disputait déjà la protection, suscitait par capillarité. À quarante ans, il produisait *Le masque et la plume* — qui connaissait avec les joutes théâtrales de Jean-Louis Bory et de Georges Charensol sa plus grande époque, sa plus populaire aussi —, il passait pour être le directeur littéraire du Seuil, et il prolongeait le petit éclat que le prix Femina, décerné aux *Adieux*, venait de lui apporter. Il était en vue et en cour. L'homme, selon François Nourissier, était « comblé ». On trouva donc du charme et de l'habileté à cette *Palmeraie*.

C'est pourtant le plus romanesque des romans de Régis, le plus troublant et le moins ressemblant. Il se détourne de sa perpétuelle autobiographie fantasmée, s'éloigne à la fois de son rivage natal et de sa Germanie grandiloquente. Il ne joue plus à briller, il ne se pavane pas. Il cesse pour la première fois de pasticher Cocteau, de faire son Giraudoux. Dans ces pages âpres et boisées, qu'il faillit rassembler sous le beau titre *Le feu sur la mer*, il se tient plutôt du côté de Camus, celui de *L'étranger*.

Voici les premières lignes : « Le 13 juin 1965, à six heures du soir, une Simca mille se dirigeant vers Ajaccio stoppa net devant la première pancarte, celle du petit chemin de gauche. Je descendis de cette voiture et je me vis monter vers *La palmeraie* annoncée par cette pancarte, comme si quelqu'un avait agi à ma place. » Le narrateur est un psychiatre à la retraite, qui passe ses vacances à Sagone, en Corse. L'homme qui l'accueille, ce soir-là, dans le lotissement en chantier, tout piqué de géraniums, d'arbousiers et de bungalows à louer, s'appelle Charles Deslondes. Il a l'âge de Régis lorsqu'il écrit *La palmeraie*, la quarantaine, et son physique sec, osseux. C'est un imposteur en short kaki doublé d'un amnésique partiel. Il veut faire croire à son visiteur qu'il vit avec sa femme, Hélène, mais il est seul, d'une solitude à pleurer. Certains pans de sa mémoire ont disparu dans l'accident de voiture dont il a été victime, quatre ans plus tôt, alors qu'il arrivait en France. Un passé biscornu, un avenir bancroche.

Charles a grandi au Maroc, à Marrakech exactement, au temps lointain du protectorat. Une mère juive, morte à sa naissance, un père, avocat des pauvres, qui était une belle figure de Français chrétien converti à l'islam, lisant dans le texte et la Bible, et le Coran. Dans ce pays réglé par la musique du muezzin, Charles n'a qu'une passion, le piano. Il épouse Hélène, blonde aux yeux noirs, sourde à toute musique, fille snob et sotte de colons aussi puissants que bornés, racistes et condescendants, très « Présence française » comme on disait alors. Elle a une âme sale mais un beau corps, humide et haletant sous « le ciel bleu troué d'oranges ». Elle le trompera, lui reste fidèle à son piano et, au moment de l'indépendance du Maroc, donne pour la première fois un concert à l'El-Mansour de Casablanca. C'est, pour Charles, le prix à payer : Hélène, stérile, accepte d'adopter un enfant musulman, Farid, mais, en échange, elle exige de son mari un récital. Toute la bonne société y assiste. Ce devait être une fête, c'est un cauchemar. Charles commence avec la *Partita* en *si* bémol de Bach et puis s'enferme dans le second *Intermezzo*, de l'opus 117, de Brahms, reprend sans fin le même motif à la manière d'un disque rayé, tourne en rond comme un « manège caressant », bifurque, déraille et finit, sous les ricanements, par quitter la salle. Et son pays natal. Après, il y a le terrible accident de voiture, l'exil en Corse, l'oubli et cette *Palmeraie* où Charles s'invente, sans y croire, une vie d'entrepreneur touristique, et où ce mystérieux psychiatre, fasciné par « les hommes d'échec », vient le visiter tel une curiosité, un cas d'école.

C'est un livre étrange, fait de bric et de broc, sans logique et sans issue, brûlé par le soleil et arrosé d'un Pernod espagnol à soixante-huit degrés. Un livre maladif, et d'autant plus fiévreux que Régis prête alternativement sa plume au médecin retraité et au pauvre Charles, qui parle comme dans les contes d'Andersen : « À quarante ans, je n'ai pas d'avenir, je suis semblable à un homme debout sur une plage brûlante, contraint d'avancer vers la mer pour respirer, mais que la mer gelée ne peut accueillir, et je me tiens ainsi, roide par-devant, le dos ébouillanté. On ne casse pas la mer comme l'eau glacée d'un lavabo. On ne se dandine pas longtemps d'un pied sur l'autre quand l'eau va prendre feu », il est fou, d'une attendrissante, inquiétante folie. De sa mémoire en capilotade jaillissent parfois des couleurs, des parfums, des paroles, des partitions d'autrefois. La beauté épicée du Maroc. L'image tutélaire du père. L'insupportable et richissime belle-famille. Le goût de la savoureuse, hautaine et humiliante Hélène : « Ma femme, se répète Charles, n'est qu'une longue liane de peau blanche, parcourue de duvet blond, de frissons au froid comme au désir, d'eaux salées au chaud comme au plaisir. » La musique, surtout. Car Charles aurait pu être un grand pianiste. Mais il n'en avait pas l'ambition. Ou plutôt, il avait trop d'ambition pour se contenter d'être un interprète agréable, un artiste estimable. Chaque fois qu'il joue, pour lui seul, la photo dédicacée de son maître Alfred Cortot, encadrée d'ébène, lui rappelle qu'il n'a pas tenu ses promesses : « Pour mon cher Charles Deslondes, qui pourrait tant, s'il le voulait. Avec mon affection et mes vœux, Alfred Cortot. »

Charles est une énigme que Régis n'essaie même pas de résoudre, et qu'il propose au lecteur avec laconisme, une persistante tristesse, et dans une prose désenchantée. *La palmeraie* est un livre clinique en suspens qui, jusqu'au bout, jusqu'au feu qui ravage les bungalows, garde son secret. J'y vois, au moment même où Régis devient un homme public et un écrivain reconnu, faisant à jamais le deuil de la musique, s'appliquant pour mieux vivre à l'amnésie rétrograde, le portrait cruel d'un destin brisé. Car Charles a préféré la folie douce à la notoriété abusive. Régis, lui, s'est préféré. Et il signe, avec cette *Cerisaie* marocaine, un adieu définitif à l'adolescence, à un monde révolu.

Il y a une page terrible, dans ce roman, sur ce que représente « une vraie destinée d'homme » dans nos sociétés : « Le succès, le caractère noble, l'imbécile fermeté des bronzes romains, le sacrifice aux valeurs de l'Occident, conjugales ou familiales, la transformation du travail en investissements productifs, le nombre des enfants d'un même lit, et tous bacheliers, c'est cela, une vraie destinée, cette carapace poussiéreuse arc-boutée sur l'humanisme pour éliminer le hasard ? C'est donc cela, la beauté morale, usée jusqu'à la corde, qui fait les groupes, les sociétés, les nations, les espions, les guerres ? Une vraie destinée, qui commence à l'association des anciens élèves, passe par l'association des anciens combattants et s'achève par l'association des futurs actionnaires ? Avec une petite maîtresse de quatre sous, résignée, mais qui sait épicer les sauces et dort seule, au coin de la rue, en rêvant à son grand homme ? Alors oui, dans ce cas, Charles Deslondes a une piètre destinée, il le sait, il en est fier… »

Charles, c'est le double noir de Régis.

Une gauche si convenable

Le 20 février 1964, dans son piquant et souvent méchant *Journal*, Matthieu Galey note : « À la fête annuelle chez les Morand, toute la droite littéraire, bien sûr, mais aussi la gauche convenable, de Christiane Rochefort à Sagan, Bory, Bastide, Freustié et moi. » La gauche convenable, en effet. Cravatée, propre sur elle et joli teint. Prenant plaisir à aller visiter, comme on s'encanaille, le vieil ambassadeur vichyste afin de célébrer, à sa table et dans son argenterie, la suprématie du beau style sur l'idéologie, fût-elle souvent nauséabonde. (Paul Morand se flattait d'ailleurs, son propre *Journal inutile* l'atteste, de recevoir régulièrement à déjeuner, telle une institution en représentation, *Le masque et la plume*, c'est-à-dire « le délicieux » Régis et sa respectueuse petite troupe, Matthieu Galey, François Nourissier, Jean-Louis Bory, Bertrand Poirot-Delpech et Guy Dumur.) Une gauche aussi à l'aise chez l'auteur de *France-la-doulce* que dans les colloques de la SFIO ou les colonnes du *Nouvel Observateur*. Pas étonnant qu'elle se soit ralliée par la suite à François Mitterrand, le plus morandien des socialistes, le plus à droite des présidents de gauche. Le plus lettré, aussi, avec un goût prononcé pour le roman provincial qui sent l'estouffade et les proses corsetées en tissu résistant.

Dans son propre engagement, Régis mettait quelques convictions, pas mal d'ambition et beaucoup d'esthétisme, avec un rien de préciosité. Il n'était pas de la trempe des combattants. La musique lui avait plutôt enseigné la concorde et une manière d'être au-dessus du théâtre des opérations ; il avait plus lu Novalis et Kleist que Marx et Engels ; il ne savait rien du monde ouvrier, ne connaissait que sa classe et, ajoutait-il avec honnêteté, « celle du dessus ».

Bourgeois catholique du Sud-Ouest, comme Mitterrand, l'écrivain n'était vraiment pas doué pour le pancrace, il ignorait la haine et la rancune, qui sont les deux vertus des briscards de la République. Il préférait tenir que la politique est un art. Il en aimait la rhétorique, la posture, la grandiloquence, les stratégies, et surtout l'éclatante dramaturgie, ce pouvoir orchestral qu'ont les orateurs de posséder un public, de le *tenir*, par la seule force du verbe. Pour autant, le militant socialiste n'était pas insincère. Mais il m'a toujours paru plus proche de l'ambigu Stendhal, prêt à tout pour faire le bonheur du peuple à condition de ne pas passer une nuit « avec les gens des boutiques », que de l'impérieux Jaurès.

Par ses origines, Régis était de droite, sinon d'extrême droite. À Biarritz, les Bastide lisaient *L'Action française*, ne détestaient pas les blagues antisémites, et plaidaient pour « la France aux Français ». La famille passa tranquillement du colonel de La Rocque à Antoine Pinay et du défilé des Croix-de-Feu au redressement du franc. Mais pendant l'Occupation, recouvrant son esprit, elle préféra écouter le général de Gaulle que le maréchal Pétain à la TSF.

Musicien précoce, Régis fut un politique tardif. Il attendit d'avoir vingt-sept ans pour choisir son camp. Le choisit-il seulement ? On est en 1953 et il vient d'entrer aux éditions du Seuil. La maison, dirigée par Jean Bardet et Paul Flamand, est d'inspiration gauche chrétienne. Sur les livres figure encore le *Nihil obstat*. On y publie la revue d'Emmanuel Mounier, *Esprit*, des ouvrages de spiritualité, et surtout la florissante série des *Don Camillo*. Auteur de *Lazare parmi nous* et scénariste de *Nuit et brouillard*, le film d'Alain Resnais, Jean Cayrol y tient le rôle de directeur littéraire et, souvent, de conscience. Régis se glisse naturellement dans le moule, imite ses voisins du comité de lecture, se plaît désormais à penser bien. Deux ans plus tard, il est mendésiste, adhère au Parti radical et s'exerce à répliquer aux poujadistes qui attaquent les réunions électorales à la pomme pourrie. En 1968, entraîné par Michel Polac, il pousse l'esprit de fronde jusqu'à s'inscrire à la section CFDT de l'ORTF. Pour un peu, il passerait pour un contestataire. Ses cheveux et ses pattes poussent, il desserre le nœud de sa cravate.

En 1969, l'« écrivain de charme » entre dans le comité de soutien à Michel Rocard. Il apprend, non sans mal, à chanter *L'Internationale*, à fermer sa fine main de pianiste pour lever un poing vengeur lors des meetings du PSU. Il aspire à la constitution d'un « grand parti travailliste ». Il se veut poète politique, en appelle à Lamartine, Hugo et Verlaine qui ont compris, pendant la Commune, « ce qu'était la vérité historique ». À André Bourin, qui l'interroge pour *Les Nouvelles littéraires*, il confesse ses paradoxes : « Socialement et esthétiquement, je me sens encore homme de droite. C'est par logique que je pense à gauche. » En 1973, il adhère enfin au Parti socialiste, où il fonde la section des écrivains avec Claude Manceron et Bernard Pingaud, se flatte d'être nommé ensuite délégué national à l'audiovisuel. Il ne manque pas une Fête de la Rose, visite les fédérations, traverse, pour propager la bonne parole du parti, « une France parcheminée, jaunâtre, où parfois des bœufs blancs lèvent vers nous leurs yeux éplorés ». C'est un Barrès socialiste qui croque des merguez, caresse les moutons et trinque, dans les stands, avec les militants. Il applaudit le premier secrétaire, lorsque celui-ci, les yeux brillants, parle de la « civilisation pastorale ». C'est son nouveau berger. Il adore le voir avaler quatre douzaines d'huîtres après un meeting ou laper, dans la cuisine de Latché, un pot de confitures de cinq kilos. Il délaisse ensuite toutes ses fonctions journalistiques et éditoriales afin de participer à la campagne pour la présidentielle de François Mitterrand, en 1974, qui le suspectera toujours un peu d'être resté, dans l'âme, un rocardien obstiné et lui reprochera, sans le lui dire, d'avoir le mauvais goût d'habiter au-dessus des jardins piégés de l'Observatoire. Le soir de la victoire de Giscard d'Estaing, au sommet de la tour Montparnasse où le vaincu avait réuni ses troupes pour leur dire : « Je crois pourtant que j'aurais fait un bon président », un grand oiseau triste pleure à chaudes larmes, c'est Régis.

Longtemps, sa vie se partagea donc entre le 27 de la rue Jacob, siège des éditions du Seuil, et le 7 bis de la place du Palais-Bourbon, siège du Parti socialiste, où il rédigeait de savants rapports sur le service public de la radio-télévision, des plaidoyers pour la décentralisation, des projets pour améliorer la condition de l'écrivain, des chants d'amour à l'Europe et des lettres ouvertes à Jean-Edern Hallier : « Le militantisme, cela existe, pauvre minable ! »

Par le boulevard Saint-Germain, qu'il empruntait d'un air cérémonieux, grand lévrier gaullien trottinant sur le macadam, il passait sans cesse du pouvoir intellectuel au pouvoir politique et ne détestait pas faire savoir au premier qu'il agissait dans le second, au second qu'il régnait dans le premier. Il avait ainsi l'impression de dominer Paris, où il donnait l'image confuse d'un « enthousiaste ondoyant ». Personne ne comprenait alors que, à cet amant volage, ce romancier inconstant et ce musicien dépité auquel on prêtait le goût persistant du papillonnage, de la superfluité, seule la politique dictait un dévouement opiniâtre, seule la gauche inspirait le beau mot de fidélité. Je l'ai vu, à la fin de sa vie, participer activement à la campagne de Lionel Jospin : même guindée, sa ferveur était d'un jeune homme qui n'a pas trahi, d'un idéaliste qui n'a pas abdiqué son rêve de fraternité.

« Jospin émouvant ?, écrit Régis dans un texte lyrique, rédigé le 1er mai 1995 et jamais publié. Oui, très souvent. Parce que la foi et la vérité rigoureuses émeuvent. Parce que ce militant qui a tant ferraillé au Parti socialiste, entre les trop fameux courants, pas mal de pièges et d'avanies, contre tant d'oppositions successives, force désormais bien plus que le respect : l'adhésion entière, quoi qu'il arrive, due à cette image ardente de "président-citoyen" qu'un homme neuf nous a proposée [...] Je feuillette mes vieux livres de Kierkegaard, le philosophe danois que Sylviane Jospin a tant étudié. Je tombe sur une phrase que, très jeune, j'avais soulignée : "La vérité est toujours subjective." Ce qui m'encourage à dire que, soudain, je vois Lionel Jospin comme un frère de ces ministres scandinaves sociaux-démocrates que j'ai bien connus, glacés et brûlants, solides, déterminés, lutteurs. Comme chez eux, chez Lionel, l'armure sera toujours là, heureusement. Il va en avoir besoin. Mais nous savons désormais ce qui bat, là-dessous. »

Régis disait que plus il écrivait des livres « qui ne servaient à rien », plus fort était son besoin de « faire des choses utiles ». Ce scrupule l'accommodait et lui donnait bonne conscience. Car plus le romancier rêvait sa vie, mieux le militant organisait des tables rondes, rédigeait des rapports, dirigeait des commissions. Il aimait distinguer, chez lui, l'homme du plaisir et celui du devoir. Les deux ont cohabité lorsqu'il fut, en 1977 et pour un seul mandat, conseiller municipal dans sa ville natale, Biarritz, s'asseyant dans le fauteuil qu'avait occupé son père. C'est là que, entre ses souvenirs d'enfance et ses illusions que le temps brisera avant l'heure, il a peut-être caressé le mieux son rêve politique sans lendemain : « J'aurais aimé être maire d'une bourgade, puis sénateur. Écouter les plaintes, étudier les dossiers, me battre contre l'administration, donner moi-même tout mon pouvoir d'élu aux électeurs, soutenir et susciter des associations, réveiller, animer ; pulvériser les compromissions, traquer les concussions, faire parler ; faire sortir la vérité et l'action de la vie... »

Il écrit ces lignes au début de *L'enchanteur et nous*, un roman paru en janvier 1981. Il ment un peu, comme à son habitude. Car, bientôt, Mitterrand sera élu président de la République et celui qui s'imagine au plus près de ses administrés dans une campagne à la Colette, à la Genevoix, qui prétend vouloir régner avec équanimité sur des vins, des forêts et des salles des fêtes endimanchées, travaille en secret à obtenir le portefeuille de la Culture, à être un nouveau Malraux. Cela fait longtemps qu'il guigne le bureau de la rue de Valois. Il est vrai que Mitterrand lui a promis le portefeuille, en cas de victoire. Rendant visite, en janvier 1978, à Michel Guy, alors secrétaire d'État à la Culture, Régis lui avoue, raconte Matthieu Galey, témoin médusé de la rencontre, qu'il aimerait bien « s'asseoir dans *ce* fauteuil », ajoutant même le geste à la parole. Mais Mitterrand lui préféra finalement Jack Lang, et lui donna, en guise d'accessits, des ambassades, qui signèrent son avantageuse disgrâce.

Avant de partir pour Copenhague, et de faire ses adieux à la France où sa propre vanité l'exaspère, où sa carrière patine, où sa vie sentimentale prend l'eau de toutes parts, Régis écrit donc *L'enchanteur et nous*, un roman de quatre cent vingt pages, trop long, trop dialogué, plein de pépites aussi, et dont l'action se déroule en 1978. François Mitterrand, alors premier secrétaire du PS — mais on lui donne déjà du « Président » avec componction —, le charge d'accueillir et de choyer un ancien ministre suédois, ex-ambassadeur et député socialiste de Xköping, francophile et gidien, un certain Nils Söderhamn. Entre le romancier blasé et le sexagénaire Viking, le courant passe d'emblée. Les deux hommes parlent politique, mais aussi littérature, musique, voyages et femmes. L'occasion est trop belle de changer d'air. Régis accepte l'invitation du député suédois de l'accompagner dans son archipel nordique afin de réaliser un livre d'entretiens. Il abandonne avec bonheur son épouse, ses enfants, et ses habitudes de technocrate socialo-littéraire.

Parvenu dans l'île de Yxsund, face aux côtes polonaises de la Baltique, sur ce rocher couvert de mousse et de buissons sauvages, Régis comprend que le magnétophone n'est que l'instrument d'un subterfuge, et que la pièce de théâtre se joue ailleurs. Chacun y interprète son rôle, Régis en séducteur professionnel, Nils en désillusionné bien tanné qui a fait d'un bunker antinucléaire à la fois son ressui et sa réserve d'aquavit, Kerstin, la première épouse, qui est aussi pianiste, Sheena, sa fille comédienne devenue sa seconde femme, enfin l'adolescente Lily, fille de Sheena, petite-fille de Kerstin et par ailleurs violoncelliste... Quel fantasme, pour notre lovelace : aimer trois générations de sirènes à la fois, les manger crues, façon sushi, devenir immortel.

Régis, qui fut marié à une Monica suédoise, est comme chez lui, dans ce pays venteux en perpétuel demi-jour, son autre patrie, au milieu de ce gynécée dont il s'applique à favoriser les jalousies, auprès d'un enchanteur désenchanté qui lui ressemble et sous l'emprise d'une musique universelle, le trio opus 100 de Schubert, qu'il juge bien supérieure, sans oser l'avouer, à la cacophonie socialiste.

C'est un livre loquace, comme le sont les charmeurs à la nuit tombée, que Régis a aussi écrit pour renouer avec Mitterrand, qui le négligeait alors et dont il pronostiquait la prochaine victoire à la présidentielle. Le début du roman est une véritable et maladroite déclaration d'amour au « forestier landais » coiffé d'un chapeau de paille à la Renoir. Il se vante de l'avoir souvent visité dans sa maison de Latché, de lui avoir « enseigné » des vers méconnus de Valéry ou Cocteau, d'avoir assisté à la taille des arbres ainsi qu'à une cérémonie secrète, parle de lui comme d'un père de substitution et se gargarise, à l'instant du frugal repas, d'un : « Il n'y avait vraiment personne que la famille et moi, au point que je me sentais de trop. » Oh, ce « la famille et moi »...

À la fin de sa vie, sur son bureau de la rue de Vaugirard, il avait encadré une photo prise dans les Landes : Mitterrand est en polo noir, il a la tête réjouie de l'éleveur qui vient de nourrir ses ânes, et à côté de lui, tout de blanc vêtu, la veste de lin négligemment posée sur les épaules, très fitzgéraldien, Régis paraît encore plus grand, il domine son chef, l'instant est immortalisé, il est heureux comme un romancier de son nouveau livre, où il a mis le plus flatteur et le plus brillant de lui-même.

Mente douce

Je n'ai jamais su pourquoi mes enfants l'appelaient « Toto ». Eux-mêmes l'ignorent encore, aujourd'hui. Ils ont grandi, mais ils n'ont pas oublié cet homme efflanqué et blanc aux yeux malicieux, qui figurait sans doute le grand-père qu'ils n'avaient jamais eu, et dont la haute carcasse s'inclinait vers eux avec une troublante tendresse, une vraie curiosité. Lui s'accommodait volontiers de ce sobriquet un peu ridicule, parce qu'il était chargé d'une affection après laquelle courait sa vie déjà vieillissante, pleine de regrets silencieux.

Avec Jeanne, à peine âgée de six ans, il jouait le séducteur. Il lui donnait du « mademoiselle » et vantait la blondeur de ses cheveux. Elle se laissait conquérir avec ravissement. C'était l'époque où elle en piquait pour le style matelot et portait exclusivement des sweats rayés. Chaque jour, il l'accueillait en admirant à la fois la variété et la persévérance de ses raies. Pour lui, elle redoublait alors de zébrures multicolores.

Il traitait Gabriel, huit ans, comme son égal, lui parlait avec gravité de sa citerne d'eau ou des incomparables qualités des voitures suédoises, en particulier de sa Saab noire immatriculée en Autriche et augmentée du précieux, prestigieux CMD, Chef de Mission Diplomatique. Il lui trouvait même une bravoure de jeune héros depuis le jour où, Béatrice ayant perdu sa chevalière en nageant dans la mer, à Pampelonne, mon fils avait plongé, inspecté avec circonspection les fonds sablonneux et rapporté la bague en or aussi naturellement que s'il se fût agi d'une algue ou d'un coquillage.

C'étaient nos étés varois, pendant lesquels, eux à La Garde-Freinet, nous à Ramatuelle, on formait une manière de famille recomposée. On louait de petits bateaux à moteur à Port-Grimaud, longeait la côte à un rythme nonchalant de cistude, piqueniquait dans des criques, pêchait à la palangrotte sous un soleil de plomb, les enfants riaient, Anne-Marie et Béatrice étaient ruisselantes comme des sirènes inapprivoisées, Régis portait des bobs bleu ciel et fixait la ligne d'horizon avec un regard perçant de vieux viguier.

On alternait les journées à La Mente et les journées à La Rouillière. Là-haut, c'était presque la montagne, une hautaine sauvagerie, une muraille de garrigue, la stridente forêt de chênes-lièges et, après le chemin de terre en lacet, une maison du bout du monde, un ermitage chic, avec son salon de musique meublé à l'orientale, son patio de briques rouges recouvert d'une treille finement domptée, sa terrasse de gravier et sa piscine oblongue coiffée de vieux palmiers aux pieds plissés d'éléphant. En bas, c'était la route surchargée de Saint-Tropez, la grande rumeur festive de la presqu'île, et, plantée au milieu des vignes, la vieille ferme des Philipe, conservée dans son jus de mémoire, rétive à la modernité, peu soucieuse de confort, comme fondue dans les collines édéniques d'avant l'invasion touristique. Régis n'aimait rien tant que de faire la sieste dans la grande chambre où avaient autrefois dormi Anne et Gérard. Elle offrait, assurait-il, un repos incomparable et elle était propice au rêve.

On allait chercher, à La Mente, de l'air pur et un peu de dépaysement. On y apportait des bouées jaunes, des pistolets à eau, des raquettes de badminton, des pains au chocolat, des disputes et des joies d'enfants. Il descendait à La Rouillière pour caresser des souvenirs du théâtre, ouvrir une vieille édition du *Cid* ou du *Temps d'un soupir*, effleurer les preuves d'une mythologie qui résistait au temps et dont cette maison de vacances aux murs ocre avait été le refuge. Parfois aussi pour renouer avec d'anciennes passions, comme ce soir d'un mois d'août des années 1980 où, autour de la table de pierre, il avait flirté avec Edmonde Charles-Roux, venue d'Aix-en-Provence pour le festival de Ramatuelle et, qui sait, revoir dans la lumière orangée du crépuscule méditerranéen l'ancien aspirant de cavalerie dont elle avait tant aimé, autrefois, la prestance métallique. Il s'était engagé dans la division Leclerc, elle avait été affectée par le général de Lattre à la cinquième division blindée, il m'a toujours paru qu'ils auraient fait, à la Libération, saisi en gros plan par le René Clair des *Grandes Manœuvres*, un beau couple de cinéma.

De même que La Rouillière est cachée au pied de Ramatuelle, l'ancienne Mente est située en contrebas de La Garde-Freinet. Ce sont des bâtisses dressées dans le giron communal. Elles se lovent sous le village, en feignant de ne pas y appartenir. Elles ont du caractère et le goût de la liberté. Elles semblent vouloir se faire oublier.

Régis avait découvert la sienne en 1969. Il avait alors quarante-trois ans. C'était déjà un homme installé, romancier primé, éditeur courtisé, animateur influent, critique littéraire et dramatique, conférencier *urbi et orbi*, qui cherchait moins à s'isoler qu'à augmenter l'étendue de son empire, donner une dépendance bucolique à son prestige parisien et, plus secrètement, une perspective à ses manuscrits, du grand air à ses héroïnes de papier.

Il faillit d'abord acheter une maison dans l'île de Ré avec son ami Claude Rich, qu'il appelait si joliment « le duc lunaire ». Mais leurs épouses craignirent la cohabitation entre l'écrivain de *Flora d'Amsterdam* et le comédien de *Château en Suède*. Elles avaient raison. Il prit alors une option sur un presbytère normand du pays d'Auge, avant de se récuser : la chose manquait vraiment de fantaisie, la grande musique n'y entrait pas, c'était trop propret, trop gazonné, trop écossais. Et puis il découvrit, un jour de février, alors qu'il empruntait en Volvo l'unique départementale qui mène de la plaine de l'Argens au golfe de Saint-Tropez, cette vieille bâtisse en pierre au fond oublié de la giboyeuse forêt des Maures, nichée au creux de trois vallons où poussent les fougères, les bruyères et les lentisques. Il pleuvait pourtant sur les lourdes châtaigneraies. Mais ce fut un coup de foudre que, vingt-cinq ans plus tard, il racontait en fermant les yeux, avec une ferveur intacte : « Ah, ce silence, ces parfums, ces oiseaux mouillés ! »

Car il a follement aimé La Mente. Il m'en parlait comme d'une femme, la seule à laquelle, sans se forcer, sans jamais y mettre de principes, s'étonnant chaque matin de la désirer davantage, lui trouvant sans cesse des charmes insoupçonnés, des tendresses cachées, des recoins à la fois chauds et humides, il fut fidèle.

Il est vrai que, plus elle vieillissait, plus elle embellissait et plus, dans ses bras, il rajeunissait. La Mente, sa longue dame blanche. Sa belle Méridionale. Sa fausse promesse d'éternité, aussi. Il s'y voyait vivre, en effet, jusqu'à la fin de ses jours. Après avoir été un sénateur du Var imaginaire et le ministre des Vins et Forêts d'un improbable cabinet Delebarre, il s'y serait cloîtré pour écrire, disait-il, le plus beau roman d'amour français depuis *Belle du Seigneur*, le plus beau quatuor à cordes depuis celui de Ravel et les plus beaux mémoires depuis Chateaubriand. C'est à La Mente qu'il doit, du moins, son épitaphe : « Il entra dans une sorte de répépillement chantonneur, où Dieu voulut bien le laisser encore quelque temps. » Mais Dieu ne le voulut pas, et La Mente n'en finit pas de pleurer le plus attentionné, le plus romantique de ses amants.

Elle avait appartenu, au début du vingtième siècle, à une certaine Mme Jean, qui cultivait sur ses restanques les plus goûteux des légumes et des herbes si rares que les Fraxinois, ne comptant pas les heures de pérégrination, venaient les lui acheter à la belle saison et à dos de mule. Et puis elle était retournée à l'oubli, avait été conquise par les herbes hautes et les animaux de nuit. Elle attendait d'être restaurée, habitée, prolongée, et chantée.

De cette bastide gardée par de noirs cyprès, Régis a fait, pendant vingt-cinq ans, son royaume. Il a réussi la prouesse d'augmenter les volumes sans transformer l'architecture générale. Il a ouvert des baies vitrées sur le patio et la montagne. Il s'est aménagé, au bout de la terrasse, un bureau bleu où trônait le portrait de son père, Édouard, médecin généraliste. Il a construit une cave à vin qui, à la fin de sa vie, s'était enrichie de quelques grands crus venus de ses ambassades (car, m'expliquait-il, il revient à chaque nouvel ambassadeur de constituer, sur ses deniers, sa propre cave, dont il peut disposer au terme de sa mission). Il était plutôt bourgogne, avait la passion du vosne-romanée et conservait du pouilly parce que, me disait-il, son grand-père Canton, alias « bon papa », en raffolait. Il a beaucoup planté, tuteuré, arrosé, élagué. C'était un jardinier giralducien, doué d'un véritable génie olfactif, à qui les couleurs des lantanas, la croissance des plumbagos, la susceptibilité des rosiers et la danse des agapantes inspiraient des poèmes en prose, et une morale provisoire.

Je le vois en short, torse nu, un arrosoir ou une binette à la main, marcher au milieu de ses massifs les pieds écartés (raison pourquoi la reine l'appelle « Pingouin » dans *L'homme au désir d'amour lointain*), inspecter ses œuvres éphémères, les redresser dans le petit matin, les rafraîchir au coucher du soleil, caresser un olivier, cueillir un brin de romarin, domestiquer une plante grimpante avec des gestes souples de musicien inspiré. C'est sans doute l'amour de la nature qui a réconcilié sur le tard ce rocardien convaincu avec l'agreste François Mitterrand.

L'auteur de *La palmeraie* trouvait à La Mente une vertu paradoxale : en étant la cause de petits tracas quotidiens et de soucis somme toute dérisoires, elle le détournait sans cesse de son vrai travail d'écrivain. Elle l'incitait à la paresse industrieuse et repoussait, heure après heure, l'échéance de la littérature, la peur bleue de la page blanche. Il prétendait qu'il préférait vivre qu'écrire, jugeait l'industrieux Balzac « monstrueux », mais rectifiait aussitôt : « En fait, l'idéal serait de pouvoir à la fois vivre et écrire. » À La Mente, l'homme dont Matthieu Galey stigmatisait « les femmes diverses, les maisons de campagne successives, les dons, les inquiétudes, les roueries, les charges » s'était assagi mais il avait toujours de bonnes raisons d'être occupé. Il fallait chaque jour prendre la voiture pour aller acheter les journaux à La Garde-Freinet, notamment *Libé* dont il dévorait les petites annonces, et, à Grimaud, la tarte aux herbes de la Pâtisserie du Château, faire les courses au Casino de La Foux, remplir le coffre de terreau et d'engrais, résoudre les problèmes de la citerne et de la piscine, rentrer le bois l'hiver, se prémunir l'été contre les feux, interpréter l'orientation du vent selon les oscillations de l'eucalyptus, suivre le chemin des sangliers, observer le combat des geais, diriger un orchestre de crapauds, boire un verre de rosé frais sur une place de village ombrée de somnolents platanes, pousser parfois jusqu'à l'abbaye du Thoronet ou la chartreuse de La Verne. Vivre, quoi.

En consacrant ainsi son temps à fuir le temps, il disait que c'était la meilleure façon, pour lui, de « se mettre entre parenthèses ». De son maître, Jean Cocteau, il tenait qu'un vrai paresseux travaille tout le temps. À La Mente, la nonchalance de Régis était méthodique. Il l'organisait comme une cérémonie et la concevait comme une obligation.

D'ailleurs, lors de son presque dernier été, je ne l'ai jamais vu écrire les centaines de pages de *L'homme au désir d'amour lointain*. Régis n'était pas un romancier ostentatoire. Il ne prenait jamais la pose. Il m'avait avoué un jour ne pas croire assez en sa littérature pour s'y consacrer entièrement. Il préférait donc se fabriquer une réputation de dilettante et laisser accroire qu'il plaçait les mystères d'un forage ou les menaces d'une sècheresse bien avant les angoisses de l'écriture. Insomniaque, il attendait que la nuit fût noire et la maisonnée couchée pour disparaître avec discrétion dans son bureau, rejoindre enfin les personnages dont sa paresse avait, tout au long de la journée, favorisé l'épanouissement, et qui l'attendaient fidèlement. J'entendais ses pas sur le gravier, ils crissaient comme la plume sur le papier. (Car il écrivait à la main. Jugeant ses manuscrits illisibles, il les enregistrait sur des cassettes et les donnait ensuite à des secrétaires, qui les dactylographiaient.) Le matin, après une nuit blanche, le conteur nyctalope prétendait avoir bien dormi. À La Mente, Régis était un merveilleux menteur.

Cancer ascendant écrevisse

Si je l'en crois, notre amitié tenait sinon du miracle, à tout le moins de l'exception. Nos signes respectifs, lui Cancer, moi Balance, avaient peu l'occasion de se rencontrer et n'étaient pas doués pour s'entendre.

« Voici un paradoxe, expliquait-il avec le plus grand sérieux : deux natures très sentimentales, éprises de tendresse et d'aveux roucoulants. C'est le mariage du bleu clair et du lilas rose : un peu fade. Si vous préférez, c'est le mariage d'une fable élégiaque de La Fontaine (Cancer) avec une escarpolette de Watteau (Balance), de quoi vous donner envie de vin rouge et de poivre. Cela dit, ces deux signes peuvent se comprendre et s'aimer, pourvu que jamais l'idée même de la passion ne les effleure. Excellents rapports de travail dans les commerces et les industries de luxe. Leur mot clé : l'ambiance agréable. S'ils ne la trouvent pas ensemble, ils se fermeront comme les huîtres chatouillées. » Par chance, cette ambiance agréable, nous l'avons trouvée et même cultivée.

Il est vrai que je n'avais pas perçu le danger. J'étais imperméable à l'astrologie alors que, sans faire jamais de prosélytisme, il en était féru. Ses compétences épataient et faisaient sourire à la fois. Dans les dîners en ville, on se disputait, sinon ses prédictions, du moins ses interprétations. Il prenait un tel plaisir à régner sur les destinées. François Nourissier aimait ainsi l'inviter avec une dizaine de convives pour lui demander, à table, de deviner, à la manière de s'exprimer, de se tenir, de manger, le signe de chacun. Le silence se faisait alors, Régis prenait son air inspiré, levait sa tête de lévrier qui a flairé la viande, et donnait, d'une voix sépulcrale, du Bélier au Bélier, du Taureau au Taureau, du Capricorne au Capricorne. « Il ne se trompait jamais », se souvient François, qui savait recevoir. On applaudissait, il se rengorgeait. C'était drôle, et un peu ridicule.

Même la politique passait dans le philtre zodiacal. Il expliquait, au Congrès de Metz, le duel entre Michel Rocard et Laurent Fabius par la rivalité sauvage, africaine, entre deux Lions régaliens et ajoutait : « Le Lion est d'abord "Moi" et il a beaucoup de peine à être "Toi". » Pour lui, François Mitterrand était, après de Gaulle, le parangon du Scorpion, d'une ambition démesurée, d'un charme redoutable, avec, nourrissant sa vie, de puissantes idées de mort. Au Verseau Giscard d'Estaing, il attribuait en revanche un « idéalisme bidon ». Les astres confirmaient toujours ses choix partisans. J'imagine la formidable chronique qu'il eût écrite, au printemps de 2007, lorsque s'affrontèrent, pour la présidentielle et selon une équation parfaite, Ségolène Royal, une Vierge ascendant Verseau, et Nicolas Sarkozy, un Verseau ascendant Vierge. Autrement dit, Greta Garbo et Theodore Roosevelt. Extrait des *Secrets du zodiaque* : « Entre la Vierge et le Verseau, on voit mal une relation passionnée. Une si grande pudeur, et tant de tact, de délicatesse pour ne point se heurter... qu'ils finiraient par ne rien se dire. Au sein d'une famille qui aurait le goût de la tragédie, ils seraient alors l'élément modérateur. Il en faut. »

Pour ma part, je tenais sa science en la matière pour un simple divertissement, une amusante lubie, au même titre que sa passion du Tour de France ou des moteurs de voitures, et croyais que sa connaissance des astres servait, pour l'essentiel, à plaire aux femmes. Combien de fois m'avait-il confié qu'elle facilitait les travaux d'approche et abattait les digues. Avec le zodiaque, il gagnait en effet beaucoup de temps et s'ingéniait à attribuer au destin un amour naissant que le ciel, selon lui, rendait irréfutable. Dans les alcôves, les planètes étaient les meilleures alliées du séducteur : son Vénus se rapprochait de la Lune de ses jolies victimes à une vitesse sidérale. Il draguait à l'écliptique, aux trigones et aux carrés comme on drague au Dom Pérignon.

D'ailleurs, le spécialiste de Saint-Simon et de Ravel n'avait rédigé, pendant quatre ans, l'horoscope de *Marie-Claire* que pour le plaisir, en s'adressant à un immense gynécée, de recevoir au journal le courrier du cœur et les confidences épistolaires de lectrices dont il s'enorgueillissait d'être à la fois le mentor, le conseiller matrimonial, et l'amant d'autant plus augural qu'il était imaginaire.

Car, dans le fond, et même si le très officiel Centre international d'astrologie (au comité d'honneur duquel figurait M. Jean Cocteau, de l'Académie française) avait écrit, en 1956, à l'auteur des *Adieux*, au prétexte qu'« Uranus avait atteint Mercure dans le secteur III » : « Je vous porte gagnant pour le prix Femina ! », ce qui fut fait, il se méfiait des présages et ne jouait l'aruspice que pour la galerie. S'il avait la ferme conviction que les douze signes du zodiaque définissent de manière incontestable douze familles d'individus, avec leurs défauts et leurs qualités propres, il combattait l'idée admise selon laquelle un thème astral annonce clairement l'avenir et détermine le déroulement d'une existence. Lorsqu'il écrivait : « Je hais l'astrologie et les astrologues », allant jusqu'à parler de « fabuleuse fumisterie », il était sincère et n'exprimait rien d'autre que sa méfiance naturelle à l'égard des pythonisses, sa détestation du commerce de la prédiction. Il condamnait l'illusion qu'on peut forcer sa chance, tricher avec sa vie, raisonner sa peur de mourir, s'abandonner à ce qui nous dépasse et dont les comètes feignent d'être, là-haut, les organisatrices. (Il raconte, dans *La fan-*

taisie du voyageur, que Simon Forman, grand amateur de Shakespeare, avait prédit le jour exact de sa mort : le 12 septembre 1611, et que, pour obéir à son horoscope, il s'était jeté d'un bateau qui traversait la Tamise. À vingt ans, Régis trouvait ce trait « sublime », à soixante, il jugeait ridicule de vouloir mourir en règle avec sa science.)

Il avait donc ceci de particulier qu'il pratiquait l'astrologie rétrospective ; il n'interrogeait pas l'avenir, il questionnait le passé. Il cherchait, dans l'Histoire, les preuves d'une typologie zodiacale. Il avait ainsi dressé les thèmes des cinquante aviateurs les plus célèbres, de Lindbergh à Mermoz, en passant par Saint-Exupéry, et avait relevé, chez chacun d'entre eux, un impressionnant coefficient Sagittaire. « Dès lors, ajoutait-il, on est un peu ébranlé. » Dans *Marie-Claire*, il tenait Dostoïevski, qui avait le goût de la souffrance purificatrice, pour le parfait Monsieur Scorpion ; Colette pour une Madame Verseau idéale incarnant la liberté, la solitude, le féminisme et la sagesse ; Simone de Beauvoir pour la dame Capricorne type (une morale austère, un travail acharné, la haine du masque, et une coquetterie toujours laborieuse) ; et il adressait, en 1965, une lettre ouverte à Françoise Sagan, parangon des Gémeaux, qui commençait par « Chère madame, chère enfant, chère enfanmadame » et se terminait ainsi : « Vous êtes plus Mozart que Brahms et votre frère en Gémeaux, votre double-double, est Alfred de Musset. »

Même son brillant essai sur Saint-Simon, que Gaëtan Picon lui avait commandé et qu'il rédigea d'une traite, à vingt-sept ans, s'ouvre, dès la première phrase, par une évocation, une invocation de la loi astrale : « On paraîtra peu sérieux, écrit Régis, si on remarque la date de naissance de Louis de Rouvroy, duc de Saint-Simon, le 16 janvier 1675, en pleine nuit, à Paris sous le signe du Capricorne, dans le domicile de Saturne. Le signe de la solitude inquiète, des cavernes, des chrysanthèmes, des enfants nés vieux, insatiables dans la connaissance, le signe de Sainte-Beuve, d'Edgar Poe et de Cézanne... Je n'insiste pas. Comme il y avait de belles choses à dire ! » Comme j'aime ce « On paraîtra peu sérieux ».

Il jugeait pour sa part réconfortant de compter, dans la famille artistique des Cancers, ses chers Schubert et Cocteau, mais aussi Rousseau, Verlaine, Chagall, Proust ou Fargue, dont il avait étudié les thèmes afin de mesurer ce qu'il avait en commun avec eux mais aussi dans l'espoir fou de se trouver une vertu supplémentaire, un sextile qui n'appartînt qu'à lui.

Il était né le 1er juillet 1926 à Biarritz. Très précisément, je préfère le citer, à « deux heures trente, dans la nuit, heure d'été, soit une heure trente, soit un temps sidéral de six heures trente-quatre minutes, et 20 heures 04 (TSN). De sorte que le soleil occupait la constellation zodiacale du Cancer, à 8°27'40", le Taureau étant à l'ascendant, ou, plus exactement, l'ascendant à vingt-cinq degrés du Taureau ». On voit par là que c'était du sérieux. Lorsque, d'ailleurs, il butait sur un calcul ou n'arrivait pas à interpréter un thème, il appelait au téléphone des astrologues réputés, échangeait avec eux des correspondances de spécialistes. En somme, cet homme si léger en tout, même en politique, n'aura été géomètre qu'avec la galaxie et scrupuleux qu'avec un compas.

Il m'avait fait lire un jour, sans en sourire, l'étude, intitulée « François-Régis et sa constellation natale », qu'André Barbault, habitant des Hautes-Alpes et grand maître de la chose astrale, lui avait consacrée en 1960. Elle était, j'en conviens, assez persuasive. Des deux dominantes de son signe, Mercure et Saturne, M. Barbault tirait la conclusion que Régis était « un tempérament nerveux (hippocratique) à complexion sèche. Morphologiquement, nous avons le longiligne rétracté chez qui le système nerveux et la vie psychique priment sur la vie animale, aussi bien musculaire, digestive que respiratoire ». Autant, chez lui, le mercurien était loquace, brillant, souple, liant, léger, amoureux, fantaisiste, capricieux, plus jeune que son âge, tel un premier violon dans l'orchestration intérieure, autant le saturnien était introverti, fermé, secret, silencieux, tourmenté et plus vieux que son âge. De « l'insuffisance marsienne », M. Barbault inférait que Régis n'était pas doué pour le sport, les compétitions physiques, l'armée, la chasse, pour attaquer, conquérir, réaliser une victoire, regarder en face un adversaire. Bref, c'était un piètre combattant. Il eût été, en revanche, un excellent créateur de haute couture ou un brillant architecte d'intérieur. Écrivain, il était de type « Terre-Eau : cela en fait un conceptif-intimiste, ou un conceptif-impressionniste, qui pratique l'art d'un Matisse ». Somme toute, une constellation bien complexe.

Sa curiosité pour les astres datait de ses dix-sept ans. Régis était alors amoureux d'une jeune fille blonde avec laquelle il s'apprêtait à jouer, sur la scène du collège, *Renaud et Armide*, de Cocteau. Mais, au printemps 1944, sur la plage de Biarritz, elle fut tuée sous un bombardement. Désemparé, il écrivit à Cocteau, qui lui répondit par ce télégramme énigmatique et péremptoire : « La mort t'a fait signe. Remercie-la. » Il alla donc voir une astrologue qui, après lui avoir demandé sa date de naissance, lui dit : « Vous venez de perdre, près de la mer, une personne qui vous était très chère. » Le garçon paya et s'enfuit. Il était converti.

Parfois, il me confiait que l'astrologie avait empoisonné sa vie, qu'il y avait trop cru, que sa confiance aveugle dans cette science paradoxale l'avait parfois égaré, jusqu'à l'abuser sur des gens qu'il croyait connaître, et pourtant, il en avait follement goûté la poésie. Il avait aimé aussi la réinventer. Il disait qu'on devait interpréter un thème astral comme une valse de Chopin et l'énoncer avec l'accent d'une prière. Il jalousait Gérard de Nerval d'avoir construit ses *Chimères* sur les données de son propre thème.

Et puis c'était sa façon à lui, j'en suis convaincu, de dialoguer avec le ciel par une voie détournée, moins protocolaire que la ligne catholique, apostolique et romaine de son enfance, plus simple, plus directe, et tellement rassurante. Régis était un quiétiste zodiacal.

Et comme il ne détestait pas se connaître, se mirer, s'étonner — « ma mère, avouait-il volontiers, m'a élevé dans l'admiration de moi-même » —, il en appelait aux planètes pour mieux rêver sa vie, et la flatter. Son meilleur autoportrait, je veux dire le plus fidèle, on ne le trouve dans aucun de ses romans, on le lit dans un vade-mecum, *Les secrets du zodiaque*, publié chez Julliard en 1971, qui lui valut pourtant beaucoup de ricanements aux éditions du Seuil et des salves de mépris dans les couloirs du Parti socialiste. Le chapitre qu'il consacre au Cancer est, sur un ton ironique, une véritable confession. Le « Narcisse chimérique » y parle de sa lâcheté, ou plutôt de sa peur des affrontements, de sa propension à faire l'autruche, à vivre la nuit quand dorment les autres signes. C'est un « incorrigible sentimental, parfois pleurard, sublime et agaçant, qui a peu de chance d'être un homme d'action ». Obsédé par le passé, la maison natale, la terre d'enfance, le souvenir du baiser de maman au point d'avancer dans le temps à la manière de l'écrevisse, la tête tournée en arrière ; paresseux si on l'ignore, travailleur si on l'applaudit ; se fiant davantage à l'intuition qu'au raisonnement ; séducteur, bien sûr. Maladivement séducteur. La conclusion est magnifique : « Si vous ne l'aimez pas, vous direz qu'il a l'air d'un cauchemar inachevé. De toute façon, il n'est pas là. Il porte d'ailleurs en lui comme un deuil tout naturel. Il ne faut pas le déranger trop. »

J'ai eu la curiosité de vérifier ensuite, dans les pages consacrées à mon signe, la justesse de ses analyses. Il note ceci : « S'il fallait attribuer une province à la Balance, je lui donnerais sans hésiter la Normandie entre la fin de l'été et le début de l'automne, sous un ciel transparent. » Et aussi : « Il aime tant le bonheur qu'il fait parfois semblant d'être heureux, et le devient. » Bien vu, cher Régis.

De ma table où j'écris ce livre sur toi, mon ami que je n'ai pas oublié, j'aperçois ma colline familière, au cœur du pays d'Auge, rosie par un dernier soleil d'été. Les grands champs de céréales, les bois hautains, les chemins de terre buissonniers forment, sous ce ciel de Normandie, ô ce ciel, un miracle d'équilibre. C'est en effet l'harmonieux paysage de la Balance. Je n'y fais pas semblant d'être heureux. Peut-être le serais-je davantage si tu vivais encore, si le cancer n'avait tué le plus enjoué des Cancers.

Je me souviens de ce jour de juillet 1995 où tu m'avais appelé de La Garde-Freinet. Il faisait très chaud à Fauguernon, même l'herbe avait jauni. Je descendais de cheval, on venait de sauter dans la carrière au sable brûlant, nous étions en sueur, Eaubac et moi, c'était bon, on sentait l'effort, le foin doré et les vacances. Ta voix caverneuse, au téléphone, m'avait soudain saisi. Tu t'étais contenté de me dire : « J'ai une mauvaise nouvelle, j'ai chopé une saloperie, j'ai trop fumé, quelle connerie. Je sais que je n'en ai pas pour longtemps. » C'était tout. Je t'avais posé quelques questions rituelles, auxquelles tu n'avais pas répondu, préférant me demander des nouvelles d'Anne-Marie et des enfants, qui t'adoraient. « Jeanne a-t-elle bien mis son tee-shirt rayé ? Embrasse-les fort, avais-tu ajouté, dis-leur bien que Toto pense à eux. Et que la piscine de La Mente les attend. » J'avais transmis aussitôt le message, sans leur annoncer que Toto était très malade. Et que, peut-être, on ne le reverrait plus.

L'été fut magnifique, en Normandie, le paradis des Balances, et si cruel. Jamais les nuits ne furent davantage étoilées, on se mettait sur la terrasse, dans des transats, pour regarder briller les astres et pleurer la lune. Le zodiaque me livrait enfin ses secrets et il me semblait que, toi dans ta forêt varoise et moi dans ma vallée augeronne, on regardait le même point lumineux, gros comme une orange.

Mille e tre...

Dans le *Who's Who*, le tableau est sobre : « Bastide François Régis, né à Biarritz le 1er juillet 1926, fils d'Édouard Bastide, médecin, et de Mme, née Suzanne Canton. Marié en premières noces, le 29 septembre 1951, à Monica Sjoholm ; en secondes noces, le 16 septembre 1966, à Jacqueline Huguenin ; en troisièmes noces, le 26 octobre 1990, à Béatrice Clerc, directrice de communication. Enfants de son premier mariage : Anika, Thomas ; de son second mariage : Emmanuelle. »

Dans ses livres, le palmarès est plus éloquent, je ne le donne pas dans sa totalité, ce serait fastidieux. Il y a *Flora d'Amsterdam*, la prostituée rousse qui, une nuit d'été sous un lampadaire, demande à Régis : « Vos romans, c'est genre Giraudoux ou genre Simenon ? » Il y a la jeune reine Regina Ilma de *L'homme au désir d'amour lointain* qui réclame, au plus chaud, au plus doux, de son intimité, l'index de l'ambassadeur sexagénaire, et lui murmure, en connaisseuse : « J'aime beaucoup ton doigt. » Il y a Hélène Perdalle, dans *La palmeraie*, qui transpire sous le jasmin, et dont Charles chatouille les poils des aisselles, arrache le corsage, griffe le visage, et à laquelle il donne pour la première fois, dit-elle, du plaisir. Il y a la Barbara de *Lettre de Bavière*, cette petite Fraülein mélomane de dix-neuf ans, dont les lèvres pèsent sur celles du soldat français « comme deux framboises de Bourgogne ». Il y a la triade suédoise de *L'enchanteur et nous*, la pianiste Kerstin, la comédienne Sheena et la violoncelliste Lily, que François-Régis, soudain viking, rêve de posséder ensemble. Il y a Anne Bauer, dans *La fantaisie du voyageur*, qui lui rappelle la Felice de Franz Kafka et qui décrit, par le détail, ses aventures sexuelles sur la Côte d'Azur. Il y a Luce, dans *La vie rêvée*, qui ressemble à une Allemande et à qui Régis, plastronnant, affirme : « Je n'aime pas les femmes heureuses, j'aime changer la vie des femmes », avant de la contraindre « à tout ce qu'elle me suppliait de lui ordonner ». Il y a la Maria de *Siegfried 78*, la Mariannosch d'Hambourg, une autre Kerstin de Stockholm, Choralita Brichs, la traductrice polyglotte des *Adieux*, l'Esther de *La troisième personne*, la Clara Schumann de *La forêt noire*, tant d'autres encore, jusqu'à cette « dame parfumée » à laquelle, dans *Vogue*, il adresse une lettre ouverte : « Je pourrais raconter ma vie avec des parfums. » Ses femmes, aussi.

Enlevez les belles des romances de l'olfactif Régis, et il n'y a plus de livres. Ils ne tiennent que par elles. Elles les étayent, et les illuminent. Je me suis souvent demandé s'il avait couché sur le papier, pour en prolonger le charme et s'en attribuer les conquêtes, toutes les femmes qu'il se vantait d'avoir aimées ou s'il avait enfermé dans ses romans, pour croire les posséder encore, toutes les femmes qu'il regrettait de n'avoir pas su retenir et parmi lesquelles il n'avait jamais trouvé l'amour absolu, définitif; s'il était un collectionneur vaniteux qui trop embrasse ou un pénitent inconsolé qui mal étreint.

L'écrivain français les voulait blondes et nordiques ou brunes et germaniques. Filles des îles froides ou des forêts noires, grands corps automnaux à réchauffer, à réconforter d'on ne sait trop quoi. « Combien de femmes ai-je attendues, la nuit, à Düsseldorf, à Wiesbaden, à Palerme, à Heidelberg, à Bruges ? Et croyant, chaque nuit, que je m'étais trompé de jour ? » se demande-t-il au début de *L'enchanteur et nous*. Il considérait la passion amoureuse comme un voyage dans le temps, le plus lointain possible, et l'espace, pourvu qu'il fût situé sur des terres ventées où poussent les résineux et les légendes. C'était toujours, au sens propre, une *aventure*. Parce qu'elle promettait le paradis, elle était vouée par essence à l'échec. Il en goûtait à la fois l'excitante brièveté et, avec la promesse d'un bonheur sans lendemain, son souvenir déjà mélancolique. C'était un authentique don juan, qui se consacrait à séduire — posséder l'ennuyait, s'installer l'horrifiait. Voyageur sans bagages, amant sans linge propre. Tous ses romans s'apparentent à des numéros de charme. C'est la raison pour laquelle certains d'entre eux, d'un romantisme révolu ou d'une chevalerie qui n'a plus cours, vieillissent mal, tels certains tombeurs qui ont abusé du soleil et, à pas d'âge, s'habillent de la tête au pied d'un blanc trop blanc.

Pour rigoler, je lui avais demandé un jour de choisir entre un amour fulgurant et un livre admirable. Il m'avait répondu, sans l'once d'une hésitation : « L'amour fulgurant. » Je me souviens l'avoir vu y céder. Ce devait être le dernier, et le bon. Il avait cinquante-cinq ans. Elle, trente ans et des poussières. Tout, chez elle, semblait avoir été dessiné, par une main amie, pour lui seul. Béatrice Clerc était grande, brune, la peau mate, avec des épaules de nageuse et une démarche léonine. Une classe folle, l'insolence de la beauté, la fierté de la liberté, une grâce cosmopolite. On eût dit l'héroïne d'un roman de D.H. Lawrence jaillie du *Jardin des Finzi-Contini*. Elle venait de subjuguer Romain Gary, qui s'y connaissait en dianes chasseresses. Régis lui succomba à la Fête de la Rose, en 1981, à Marseille où, attachée de presse des éditions Julliard, elle accompagnait Françoise Chandernagor, l'historienne des cours royales et des mariages princiers. Pour

Béatrice, en une nuit, une simple valise à la main — signe que la chose était sérieuse, cette fois —, il quitta, sans se retourner, sa femme, sa fille, son vaste appartement de la rue de l'Observatoire, et les conventions qui en découlent. Jamais Régis ne m'avait paru plus jeune et léger.

Lorsque, en août 1982, il fut nommé ambassadeur de France à Copenhague, sa liaison posa des problèmes inédits au Quai d'Orsay. La diplomatie française ne pouvait admettre que son représentant, pas encore divorcé, eût officiellement une maîtresse. La situation ne s'était encore jamais présentée au ministère des Affaires étrangères, où l'on craignait qu'elle ne donnât une mauvaise image du nouveau gouvernement socialiste. On lui fit donc comprendre qu'il devait, à la cour du Danemark, prendre l'emploi d'un célibataire et prier l'épouse de son premier conseiller de bien vouloir présider les dîners à l'ambassade. Régis refusa. Il ne cacherait pas Béatrice. Il ne mentirait pas. Le protocole finit par fermer les yeux, exigeant seulement que les cartons d'invitation, à Copenhague comme à Vienne, fussent libellés ainsi : « M. François-Régis Bastide, ambassadeur de France, et Mme Béatrice Clerc prient... »

Quelques années plus tard, à la veille de leur départ pour la mélomane Autriche, François Mitterrand reçut à l'Élysée le couple illégitime. Sur le perron, au moment des adieux, le président se pencha vers Béatrice : « Faites en sorte, je vous prie, qu'il ne fasse pas là-bas que de la musique... Je compte sur vous. »

En 1948, dans la revue psychanalytique *Psyché*, Régis avait consacré un beau texte à « la peur d'aimer », où il prenait la défense de Don Juan — « Il souffre, c'est un grand inquiet, et tout l'inquiète » — et faisait le portrait de la victime idéale du grand séducteur, « une femme naturelle qui ne lui demanderait pas de comptes ». Avec Béatrice, Régis a cessé d'avoir peur d'aimer et de sa propre exigence. Pour la première fois de sa vie (il était temps, la mort allait commencer bientôt de fourbir ses armes dans l'ombre), il a connu ce bonheur, qui fut refusé à Henri Beyle, lequel en était réduit à sublimer dans ses romans des femmes banales, de connaître la passion absolue dans les bras d'une héroïne de chair et d'os. Elle rendait soudain la littérature inutile. D'ailleurs, il lui a fallu treize années pour réussir à faire son portrait, dans *L'homme au désir d'amour lointain*.

Je regarde aujourd'hui Béatrice faire sa sieste quotidienne, à l'ombre du palmier. Le temps n'a pas prise sur son visage ambré de monnaie grecque. Le vent tiède qui vient de la mer caresse ses lèvres souriantes. Peut-être les morts soufflent-ils ainsi, à leur insu, sur celles et ceux qu'ils ont tant aimés. Ils profitent de l'été pour se glisser dans les rêves des vivants. On dit alors que la brise est tendre, mordante et susceptible.

Les absentes

Il avait surgi de l'allée des yaourts et, cérémonieusement, sans se presser, s'engageait dans celle, merveilleuse et carrollienne, des gâteaux, bonbons et chocolats. Il ressemblait à un campeur hagard que la canicule a épuisé et qui, à l'heure tranquille du déjeuner, vient chercher de la fraîcheur dans les grandes surfaces climatisées.

C'était, entre Port-Grimaud et Gassin, le Géant Casino de La Foux, dont il avait fait son havre de paix, sa récréation solitaire, son divertissement préféré, son aventure domestique. L'ambassadeur permanent de la France auprès de l'Unesco y venait incognito, presque chaque jour, acheter ce dont il n'avait pas besoin et oublier de prendre ce que Béatrice lui avait commandé. Il rêvait ses courses comme il rêvait sa vie.

Ce jour d'août 1990, habillé d'un polo rose pâle et d'un short beige d'officier colonial, des espadrilles effilochées aux pieds, il poussait un Caddie débordant de nourritures indéterminées et de produits inutiles. Entre deux messages pour de la charcuterie en promotion, Bonnie Tyler hurlait *Total Eclipse of the Heart*. J'observais avec affection le manège de mon ami qui errait dans ce supermarché où, contrairement à moi, il n'avait rien à faire. Il semblait perdu dans des songes dérisoires où passait, peut-être, le regret de ne pas avoir à nourrir, au cœur de l'été familial, une tribu recomposée d'enfants et de petits-enfants. Compulsif, il comblait ce vide avec des boîtes de conserve.

Au rayon des vins, il prit son temps, jugea, jaugea, compara et finit par engager un long dialogue avec un jeune sommelier en tablier, qui lui vendit une caisse d'un gentil bordeaux. Je m'approchai. Mon Caddie, rempli de couches-culottes pour Clément, de crocodiles gonflables et de pistolets à eau pour Gabriel et Jeanne, de goûters pour tout le monde, heurta le sien. On s'embrassa. Il me donna rendez-vous après les caisses, à la cafétéria où, d'ordinaire, il prenait le temps de lire *Var-Matin in extenso*. Car François-Régis Bastide, ministre plénipotentiaire, membre du jury du prix Médicis, auteur de *Lettre de Bavière* et de *Flora d'Amsterdam*, était un pilier de la cafétéria du Géant Casino.

Il était heureux de son principal achat : d'impressionnants couteaux de cuisine. Ils s'ajoutaient à sa plus récente fierté, une machine électrique pour découper, à la maison, de fines tranches de jambon italien, qu'il était allé chercher jusqu'à Parme — « du matériel de pro, crois-moi. Avec ça, je ferais un excellent charcutier ». Transformer une cuisse rouge et dure, dont il avait préalablement enlevé le gras, en chiffonnade moelleuse tenait, pour lui, du cérémonial. Régis avait des plaisirs et des soucis simples, la mécanique d'une voiture, la profondeur d'un puits, le nettoyage d'une piscine, la taille des arbres, l'entretien des fleurs, et surtout la transmission quo tidienne du Tour de France à la télévision pour laquelle il acceptait de sacrifier le rituel de la sieste.

« Quand j'ai vu passer le Tour pour la première fois, écrivait-il en 1953 dans *Le Figaro littéraire*, je devais avoir huit ans, je n'ai pu m'empêcher de penser que cette course ressemblait à une autre que je courrais plus tard. Avant même de traduire le *De Viris Illustribus*, j'ai vu que la vie, cela consistait à monter un Tourmalet, à savoir le descendre, j'ai appris qu'il y avait quatre catégories d'hommes, les rouleurs, les sprinters, les grimpeurs et les descendeurs. Avant même de découvrir la notion de picaresque dans le roman et de ce miroir promené sur une grand-route, par quoi Stendhal définit le roman, j'ai vu l'homme seul sur la route, dans la multitude, et son ombre douloureuse réfléchie sur les passants et les pierres chaudes du paysage. » Comme les objets de tous les jours et l'ordonnancement sophistiqué de la nature, les petits et les grands braquets le rassuraient ; lui épargnaient de céder à ses démons et à ses désarrois secrets, qu'il réservait à ses nuits d'insomnie.

Ce jour-là, il sortit de sa réserve. « Ce n'est pas trop dur, à La Rouillière ? Anne-Marie, ça va ? » Car, trois mois plus tôt, sa mère, Anne Philipe, était morte à l'hôpital Saint-Antoine. C'était, à Ramatuelle, notre premier été sans elle. Elle nous manquait déjà. Nous n'arrivions pas encore à nous défaire de nos réflexes quotidiens : surveiller sa traversée de la baie à la nage, guetter l'arrivée de sa petite voiture blanche au bout du chemin de terre, dresser sous la treille la table du dîner, l'entendre rire, et plus encore avec le vin frais, lui souhaiter une bonne nuit lorsqu'elle repartait seule dormir en même temps que les cigales dans son appartement du village.

Désormais, Anne-Marie avait succédé à sa mère. C'est elle qui, tous les jours, souvent avec Gabriel, montait arroser le lierre et nettoyer la tombe de Gérard, couverte de fleurs et de colifichets déposés quotidiennement par d'éternels admirateurs, dans ce cimetière d'altitude où Anne avait enfin rejoint son beau Lorenzo.

Il avait fallu toutes ces vacances ensemble, nos repas improvisés, notre salon nudiste sur les rochers de l'Escalet, les soirées au festival, pour que Régis et Anne se découvrent et s'estiment. Avant que je ne les présente l'un à l'autre, ils se connaissaient mal, se croisaient en se jaugeant. Tout les opposait. Anne trouvait

Régis trop mondain, carriériste, séducteur, romantique, fleuri. Régis jugeait Anne trop misanthrope, rigide, ascétique, réaliste, saharienne. Sous le soleil du Var, la musique les avait réconciliés, surtout Mozart et Schubert, et ils avaient fini par s'apprivoiser.

« Tu ne peux pas savoir ce que Gérard Philipe a compté pour ma génération, me dit Régis, on le suivait partout, à Chaillot, à Avignon, en tournée même, c'était notre modèle, notre double, alors forcément, la femme qui l'avait aimé et qui lui avait survécu nous intimidait, elle nous faisait un peu peur, elle nous rappelait sans cesse, en vieillissant, que notre propre jeunesse s'éloignait et que nous lui étions infidèles. Alors, quand je l'ai revue à La Rouillière avec vos enfants, avec ses petits-enfants, tout s'est calmé dans ma tête. Elle n'était plus la veuve de notre idole, elle était Anne, tout simplement. Tu sais, elle me manque aussi, aujourd'hui. »

La cafétéria était bondée. Notre petite table était cernée par des Caddies d'affamés et de colonies de vacances. Marc Lavoine chantait maintenant *Les yeux revolver*. Drôle d'endroit pour des aveux. On reprit des cafés serrés. L'absence appelait l'absence. J'ai oublié comment, de la disparition d'Anne, Régis en vint à me parler de sa fille, Ninon. Il la chérissait. Je crois bien qu'elle l'adorait. Mais elle n'avait pas accepté qu'un jour, sans prévenir, sans un mot, sans un regret, il partît avec la jeune et irrésistible Béatrice. Ninon était restée avec sa mère, Jacqueline Huguenin, dans le grand appartement du Luxembourg, soudain si vide. Depuis, elle avait toujours refusé de revoir son père, auquel elle vouait une rancune aussi fiévreuse et bouleversante qu'un amour fou brisé. Pour Régis, il y avait pire que les vieux morts, ce sont les jeunes vivants qui font le mort. « Lorsque je te vois prendre Jeanne dans tes bras, murmura-t-il, j'ai parfois envie de pleurer. »

Et puis, on était sortis sur le parking brûlant, poussant nos deux Caddies vers nos voitures respectives. Demain, on irait se baigner à Pampelonne. Les premiers arrivés réserveraient les matelas. On irait manger des beignets aux courgettes et des côtes d'agneau chez Sénéquier, pas celui de Saint-Tropez, non, celui, plus modeste, de la plage. On ferait la sieste sous des parasols. C'est si simple, de vivre.

Même sur son lit de mort, Régis n'a pas pu embrasser sa fille chérie à laquelle il n'a pas voulu montrer son visage spectral. Il n'a pas connu le repos de l'âme qui précède la nuit éternelle. Il s'est endormi inaccompli.

Dans le tiroir de son bureau reposait le brouillon d'un texte, son dernier, une trentaine de feuillets, le début d'un roman ou peut-être une nouvelle, l'histoire simple d'un homme âgé qui recherche sa fille. Si la mort ne l'avait interrompue, peut-être, au bout d'une de ces phrases qu'on écrit pour soi, qu'on publie pour tous mais qu'on destine à une seule personne, l'aurait-il enfin retrouvée.

Au théâtre ce soir

À seize ans, j'avais la passion de Giraudoux. Je me souviens d'un été languide, dans le jardin de Bray-sur-Seine, où j'avais tout lu de lui, son théâtre, ses romans, ses nouvelles, et même des essais à lui consacrés. Car c'est un écrivain qu'il convient de fréquenter dans l'herbe chaude, sous de vieux tilleuls au parfum sucré, à l'orée incertaine de l'âge adulte.

J'aimais son Limousin féerique, ses arbres qui avançaient comme une députation de légendes, ses effleurements d'anges, ses répliques aphoristiques, sa politesse de diplomate chinois, ses princes charmants, ses contrôleurs poètes, ses prénoms de femmes — Bella, Églantine, Judith, Juliette au pays des hommes, Suzanne et le Pacifique —, ses couleurs provinciales empruntées à Vuillard, son monde révolu, ses mythologies allégées, ses métaphores acidulées, et un romantisme allemand contrarié, à son sommet, par une phrase très française.

Cet « illusionniste sans matériel », selon son propre

mot, rendait ma vie plus amoureuse et plus transparente. Je voulais croire encore, avec le Chambellan, que le grand avantage du théâtre sur la vie, c'est qu'il « ne sent pas le rance ». D'ailleurs, la Comédie-Française m'avait aussitôt récompensé de mes illusions, où Raymond Rouleau mettait en scène *Ondine*. J'avais plongé pour de bon dans cette fable ruisselante sur l'impossible exigence des passions, ce conte aquatique où une sirène trahit son peuple pour suivre un chevalier indigne de l'amour fou qu'il a le privilège d'inspirer. Je n'avais d'yeux que pour Isabelle Adjani, sauvageonne de presque mon âge, ingénue au nez insolent et aux lèvres boudeuses qui mettait sens dessus dessous la vénérable maison de Molière ; et j'enviais le princier Jean-Luc Boutté, qui poussait son art jusqu'à donner de la noblesse à la lâcheté des hommes, et une émotion tremblée à leur infidélité.

Et puis trente années ont passé, je n'ai plus jamais ouvert un livre de Giraudoux. Sans doute était-il trop collé à mon adolescence pour que je veuille l'y soustraire. Je me gardais de retrouvailles dont je pressentais qu'elles seraient désenchantées. J'avais raison de penser que je n'avais plus l'âge de giralduciser. L'on ne devrait pas réviser ses souvenirs, ils dorment en paix, telles des euglènes filandreuses, au fond de l'eau.

Car j'ai revu *Ondine*, en 2004, au Théâtre Antoine, et tout le charme que ma mémoire lui prêtait s'est comme volatilisé. Les comédiens n'étaient pas en cause, surtout pas Laetitia Casta, qui avait le charme pétillant du rôle et une innocence encore recouverte de rosée. Non, ce sont les répliques qui soudain ne passaient plus. Je les trouvais fleuries, mielleuses, édifiantes, terriblement datées. La pièce sentait le moisi. Sa poésie me semblait pesante, son symbolisme didactique et son germanisme, scolaire. Giraudoux tarabiscotait. Il enfilait des maximes comme on fait des ourlets. *Ondine* avait-elle à ce point subi l'outrage des ans ou était-ce moi qui avais changé ? Ce n'est pas de vieillir qui fait vieillir, c'est de perdre un texte qu'on avait aimé parce qu'il était incarné et qu'on était jeune.

Siegfried résiste mieux. Il est vrai que j'ai relu la pièce, publiée et créée en 1928, pour une seule raison : entendre chaque réplique me parler de Régis. L'écrivain français Jacques Forestier, blessé au combat pendant la Grande Guerre, ramassé nu, frappé d'amnésie, soigné dans un hôpital allemand et devenu, sans avoir jamais recouvré sa mémoire, le puissant conseiller Siegfried von Kleist, n'était-il pas, en effet, le double rêvé de Bastide ? Un esprit allemand dans un corps français ; le contrôleur des poids et mesures cédant à l'appel des chimères ; la réconciliation de la poésie et de la raison, les fiançailles, avec tambours et trompettes, du fantastique et du réalisme.

Démasqué par son adversaire, le baron von

Zelten, Siegfried rentre en France sans cesser de croire qu'il est allemand. Il quitte « une vie magnifique qui n'est pas à lui » pour « un néant qui est le sien ». Il devra réapprendre le bonheur dans son Limousin natal où, peu à peu, le passé resurgira avec ses parfums d'enfance, ses couleurs d'autrefois, sa persistante lumière.

Il y avait beaucoup de Siegfried chez l'industrieux et imaginatif Régis. Dans son caractère cohabitaient, selon la définition de Giraudoux, à la fois « l'amour français des dossiers convaincants, la joie des démonstrations » et cette exaltation d'outre-Rhin qui incline à « peser le vent et mesurer les nuages ». Régis croyait, lui aussi, à la grandeur de l'Allemagne, pas celle qu'ont rêvée ses généraux et ses caporaux, mais celle qu'ont façonnée ses musiciens, ses peintres et ses écrivains. Il aspirait secrètement à une *Francallemagne*. Et rien, dans les dernières années de sa vie, ne l'avait davantage ému, me disait-il, que l'image arrêtée du râblé François Mitterrand et du géant Helmut Kohl se donnant la main à Verdun, en 1984, comme deux collégiens mal habillés, un peu trop graves, liés par un pacte de sang, se jurant au milieu d'un immense cimetière de ne jamais reproduire la haine de leurs parents.

À sa manière, Régis a poursuivi *La chanson des Nibelungen* et la pièce de Giraudoux en rédigeant, pour le théâtre, *Siegfried 78*. Ce n'est pas ce qu'il a écrit de meilleur, mais c'est peut-être ce qu'il a fait de plus ostentatoire pour tenter d'exprimer sa double culture. Son Pierre-Siegfried von Forestier à lui est un ancien officier allemand, doublé d'un astrologue, diplômé de magie de l'université de Heidelberg, qui tenta d'assassiner Hitler le 20 juillet 1944, jour commandé par les planètes et le passage de « l'éclipse du soleil sur le Pluton du Führer, conjoint à Saturne ». Tous les conjurés furent fusillés ou pendus, sauf Pierre-Siegfried, qui parvint à s'enfuir et ne s'en remit jamais. Trente ans après, il reste obsédé par cet attentat manqué. Contrairement au héros de Giraudoux, celui de Bastide est un hypermnésique. Il occupe désormais son temps à jouer les devins allemands pour une émission de télévision française au titre anglais : *The Queen*, présentée par sa maîtresse, Maria, une comédienne qui a raté sa vocation et en est réduite à prédire, en direct, l'avenir aux téléspectateurs. Sans quitter des yeux son mentor qu'elle va néanmoins abandonner pour retrouver son ex-amant, un chef d'orchestre sans talent. Pierre-Siegfried finira sa vie comme Simon le Magicien, cet homme qui imitait avec ironie les miracles du Christ sous les yeux des apôtres et qui mourut en tentant de pasticher la mise au tombeau et la résurrection. C'était un prestidigitateur, et non un homme de foi.

La pièce est lourde, brouillonne, ornementale, prétentieuse, trop littéraire. Elle sent la dissertation européaniste. En apprenti sorcier, Régis jouait le fier et se faisait plaisir, qui y mettait, en abondance, ses nombreuses références, ses vieilles mancies, ses chères musiques — la *Sonate funèbre* de Chopin, jouée par Alfred Cortot — et ses amours pour épater la galerie parisienne. Pierre Dux, le patron de la Comédie-Française, la refusa avec les formes. Injouable, elle fut pourtant jouée, à l'Atelier, en mai 1979, et mise en scène par Pierre Franck, avec Gabriel Cattand dans le rôle de Siegfried et Francine Bergé, dans celui de Maria. Sans succès. La générale fut même un désastre. « Parce que c'était Bastide, le Tout-Paris s'était déplacé, et tout le monde était atterré », se souvenait Alfred Simon, le critique dramatique de la revue *Esprit*. Même Pierre Marcabru, qui officiait à *France-Soir* et au *Masque*, malgré la vieille amitié qui l'attachait à l'auteur, ne parvint pas à cacher sa déception dans une chronique acide.

Après quoi, Régis, n'écoutant que son orgueil blessé, eut l'idée folle d'inscrire sa propre pièce au programme du *Masque et la plume*. La déontologie ne l'embarrassait guère. C'était vraiment une autre époque, un temps déraisonnable, où l'on pouvait détourner, à son avantage et sans scrupules, les ondes d'une radio de service public. Et cette manière, dans sa propre émission, face à un public nombreux, de faire de soi un événement, de se promouvoir, de quémander des éloges, montrait l'autre visage de Régis : cynique, manœuvrier, népotique, mais aussi terriblement naïf. Ce jour-là, Gilles

Sandier fut indulgent, Guy Dumur élégant, et Alfred Simon en demi-teinte. À les entendre, le metteur en scène et les acteurs n'étaient pas à la hauteur du texte. L'émission tenait du jeu de dupes, du *Bourgeois gentilhomme* et du *Tartuffe*. Régis voulait des dithyrambes, il ne récolta que des politesses gênées devant des spectateurs incommodés, ou hilares. En représailles, car Régis, lorsqu'il était piqué au vif, pouvait ajouter la rancune au dépit, il supprima, pendant six longs mois, *Le masque* dévolu à l'actualité dramatique. Et ne réinvita jamais le trop intègre Pierre Marcabru.

Il est vrai que *Siegfried 78* ne passerait plus la rampe, aujourd'hui. La pièce mérite pourtant d'être lue. Ne serait-ce que pour ce troublant éloge du vin de Champagne : « On ne pense pas assez que les terres de Champagne sont fertilisées par les millions de cadavres pourris et les milliards de litres de sang des Français, des Allemands, des Allemands, des Français. Le champagne est le vin des batailles… » Et aussi pour la préface, où Régis, doutant de sa propre pièce, s'apprêtant déjà à être désappointé, se dépeint joliment en « ressasseur », « nocturneur », « incapable triomphant » et confesse, entre deux virgules, un peu de son art, de son lyrisme androgyne : « On ne peut rien écrire si on ne se met dans l'état des femmes qui ont écrit aux poètes. J'ai plus appris de Diotima et de Louise à Hölderlin, de Sophie à Novalis, que de Hölderlin, de Novalis. »

Régis préférait le théâtre au cinéma. Longtemps, il fut critique dramatique aux *Nouvelles littéraires*. Cette vocation avait mal débuté. Il avait trente ans lorsque Paul Lévy lui confia le feuilleton des *Écoutes*. Sur le tableau noir de la salle de rédaction étaient inscrits, à la craie, tous les projets d'articles. Un matin, il lut : « M. Bastide ira à La Potinière voir la pièce de X., et il en dira du bien. » Vexé, Régis claqua la porte aussitôt et devint plus tard un critique qui rêvait les pièces plus qu'il ne les jugeait. Ses articles étaient en effet allègres et profonds. Il y parlait de son quiétisme, vitupérait les courants d'air, s'amusait de la présence du président Senghor à la générale de *Macbeth* (« Beaucoup de police, l'autre soir, autour de l'Odéon-théâtre pour assister au meurtre d'un roi écossais »). Avec lucidité, il écrivait : « C'est la faiblesse du critique de recommencer, à sa façon, le théâtre ; alors que le théâtre a eu lieu sans lui. »

Il fut aussi membre du comité de lecture de la Comédie-Française et de la commission consultative de l'Odéon. (J'ai siégé quelques années, lorsque Jean-Pierre Miquel était l'administrateur général du Français, dans ce même comité et je garde, de nos réunions enfumées place Colette en compagnie notamment de Catherine Samie, Catherine Hiegel et Philippe Torreton, un souvenir très fort. Car rien n'était plus excitant que de débattre de l'entrée au répertoire d'une pièce avec des comédiens qui, en la lisant, l'avaient déjà interprétée dans leur tête, se l'étaient mise en bouche, la voyaient en scène, en imaginaient la distribution, en inventaient le décor, et opposaient à nos jugements littéraires trop stricts une interprétation physique, transformant nos réserves en vertus, nous démontrant que le théâtre, c'est de l'écrit métamorphosé en cri, du texte imparfait, endormi, que seuls les acteurs ont le pouvoir et la faculté de réveiller.)

Régis, évidemment, aimait Molière, Musset, Strindberg, Beckett, Anouilh et Giraudoux, dont la langue provoque « ce trismus constricteur des muscles masséters, le seul qui ne soit pas douloureux mais délicieux ». S'il allait tant au théâtre, c'était aussi pour admirer, en contre-plongée, des femmes que, dans la demi-obscurité, il s'imaginait déjà séduire. Il n'avait d'yeux que pour elles. Il trouvait, dans *Tartuffe*, Nicole Calfan « giralducienne ». Elle n'était plus Marianne, elle était pour lui *Ondine*, une ondine de Molière. Au *Misanthrope*, il s'emportait pour la toute jeune Nicole Garcia : « Ce n'est pas une coquette, c'est une garcette, une petite snob, farcie de magazines féminins sur papier couché, vautrée sur des coussins, ceinturée par de petits marquis qui ont un furieux air yé-yé, c'est une Célimène très café-society. Fort jolie, l'œil aigu, la bouche pincée, des mines de doigts, de mèches, d'ailes du nez, une voix acide, étouffée, des rires pouffés, et des aigreurs nasales, une façon de dire *saintimain* pour sentiment, comme si ce mot la dégoûtait. » Lors d'un spectacle de Jean-Louis Barrault consacré à Jarry, il tombait amoureux de « la superbe Anny Duperey, longue liane pulpeuse, Messaline qui se repaît de mâles sous nos yeux… », qu'il s'enthousiasmait de retrouver, un peu plus tard, dans *La guerre de Troie n'aura pas lieu*, « nue sous de fines gazes, la démarche royale, le sourire éclatant, le port de tête vertigineux ». Et voici Ludmila Mikaël dans *Horace*, « la beauté, le charme, et le clavier d'une grande étendue, les fins poignets, la bouche de fontaine antique, faite pour la profération ». Et encore, chez Pirandello, « le cou de Geneviève Casile, le plus beau cou de Paris — je ne vois à lui comparer que les cous féminins des fresques de Piero della Francesca, à Arezzo ». Au théâtre, les actrices lui appartenaient. Certains soirs, il voulait croire qu'elles ne jouaient que pour lui, dont la tête haut perchée se détachait, avantageuse, prédatrice, de l'ombrageux parterre.

Il voulait du plaisir, de l'infiniment léger et des parfums de luxe. Il détestait Corneille, Arthur Miller et surtout Edward Bond. Il se méfiait, comme en littérature, de l'avant-garde. Il jugeait démagogique et complaisante la manière dont les théâtres avaient pris, en 1968, le vent de la révolution. D'une version opportune des *Fourberies de Scapin*, il était sorti très en colère : « Ce n'est pas très sérieux. Louis XIV n'affronte pas la CGT, Bossuet ne se bat point avec la CFDT, et les désordres du Vivarais ne sont pas Flins ! » Il s'étonnait, la même année, que Jean-Louis

Barrault eût demandé la musique de son *Rabelais* à Michel Polnareff.

C'était ce troublant mélange de jeune amant transi et de vieux critique râleur, de cabot et d'exégète, qui donnait à ses chroniques un charme coquin, ébouriffé, fougueux, parfaitement inactuel. Lorsqu'on les relit, on a le sentiment merveilleux qu'il rêvait de jaillir de son fauteuil et de sauter sur scène pour embrasser, en pleine lumière et devant le public, la belle Marianne, la spirituelle Célimène, la solaire Ysé et la fraîche, humide, si attirante Ondine.

La plume sous le masque

Il a animé *Le masque et la plume* pendant vingt-cinq ans. À l'heure où j'écris ces lignes, assis à la radio dans le même inconfortable fauteuil que le sien, j'aborde ma dix-neuvième année ; peut-être, si Dieu me prête vie et si l'un des nombreux directeurs que j'ai vus passer dans la Maison ronde ne m'a pas remercié d'ici là, pousserai-je également jusqu'au quart de siècle. Cela sonnerait juste.

J'aime bien l'idée de prolonger mon ami, je ne déteste pas, en général, les devoirs de la filiation, les charges de l'héritage, les rigueurs du souvenir. Et il me semble, certains soirs d'enregistrement et de polémiques pétaradantes, que ma fidélité l'empêche de mourir tout à fait, qu'il entend certains de nos éclats de rire ou de nos colères, qu'il se regrette beaucoup et me jalouse un peu.

Car cette émission, venue en grésillant du plus lointain du Poste parisien et de Paris Inter, fut vraiment la sienne. Au moment de partir pour les ambassades, malgré son goût prononcé pour les grandeurs d'établissement, la fierté d'avoir à servir l'État et l'excitation de couper avec son petit train-train d'intellocrate parisien, il fut sincèrement triste d'être obligé de s'en séparer, de mettre la clef sous la porte. *Le masque* ressemblait, ressemble toujours, à une vieille villa biscornue des bords de Seine qui défie le temps, que les bourrasques et les vents ont patinée sans jamais parvenir à l'ébranler. Régis en avait dessiné les plans, suivi l'édification, conçu l'architecture intérieure, imaginé la circulation, choisi l'ambiance musicale avant d'en devenir, au milieu des années 1950, l'impérial et aquilin amphitryon.

Il y recevait chaque samedi après-midi, à heure fixe, ses meilleurs amis et un public nombreux. Il prenait un étrange plaisir, que je connais, auquel on s'habitue tellement qu'on finit par ne plus pouvoir s'en passer, à commander aux premiers et à gouverner le second. Sans compter l'invisible foule des auditeurs anonymes dont il partageait, le dimanche soir, l'intimité; cela lui donnait l'illusion d'avoir, en secret, d'innombrables vies. Il savait que, dans l'assistance, des femmes n'avaient d'yeux que pour lui et des auditrices lui envoyaient, de tous les coins de la France, des lettres enflammées auxquelles, parfois, il répondait, de sa grande écriture chinoise, période Tang. Car *Le masque* fut aussi l'extension naturelle de son palais impérial et de son gynécée.

« Brillant avec les mots, brillant avec les femmes », dira Gilles Jacob.

Je n'ai jamais su pourquoi il avait si longtemps présidé aux débats et aux pugilats de cette émission, créée en 1955 par le poète Jean Tardieu, que son partenaire, le Bélier Michel Polac, peu soucieux de s'installer, déjà atrabilaire, impulsif et aventureux, avait quittée très tôt et sans remords pour les beaux yeux d'une Iranienne, le laissant seul à la barre. (« J'agaçais Polac autant qu'il m'agaçait », reconnaissait Régis, qui voyait en lui « un révolté permanent » et se portraiturait, *a contrario*, en paisible « social-démocrate esthétique ».) Régis avait pourtant d'autres activités, qui lui tenaient à cœur : des livres à écrire, une chronique théâtrale à tenir, une fonction de directeur littéraire à honorer, et puis le centre de Royaumont, les réunions au Parti socialiste, les conférences à l'étranger, le comité de lecture de la Comédie-Française, le jury du prix Médicis...

Qu'est-ce qui l'attachait donc si fort au *Masque*? La petite et périssable notoriété que la radio confère à ses animateurs? Le pouvoir dont on crédite, en ville, ceux qui font et défont, en criant, les réputations? La perpétuation de l'esprit français, cet alliage de moralisme, de mauvaise foi, de bons mots, de cancans distingués et d'exquise rhétorique, un esprit né au dix-huitième siècle dans les salons de la marquise Du Deffand et de Julie de Lespinasse, et qui ne voulait pas mourir ? Le plaisir, très british celui-là, de faire partie d'un club enfumé où se retrouvent chaque semaine, autour d'un piano à queue, des causeurs éloquents, des procureurs cultivés, des rieurs raffinés, des méchantes langues, tout ce petit monde se tutoyant, contre toutes les lois du service public, d'un air entendu ? Ou encore l'excitation folle, si nouvelle pour les gens de plume, si peu naturelle pour les gens de solitude, si cathartique pour un Jean-Louis Bory, un Matthieu Galey, un Pierre Marcabru ou un Gilles Sandier, de monter sur une scène afin de se donner en spectacle (à ses débuts, l'émission fut enregistrée successivement aux Noctambules, au Vieux Colombier, à l'Alliance française et au théâtre Récamier, c'est la fille naturelle des tréteaux), d'épater un public conquis d'avance, de draguer des visages captifs, de faire éclater les querelles comme des trompettes ou des cors, et de chercher, par la seule force du verbe, des applaudissements qui donnent parfois la chair de poule ?

« J'aimais, disait Régis, voir mes fauves séduire. J'aimais les montrer au mieux d'eux-mêmes. J'aimais oublier mes propres goûts et dégoûts. J'aimais ce public assez fanatique pour nous attendre plus d'une heure avant l'heure. J'aimais notre liberté absolue. On ne m'a jamais censuré. On ne m'a jamais parlé de cette chose qui s'appelle aujourd'hui audimat. Notre émission avait du succès. Voilà. On devait savoir que nous saurions ne pas aller trop loin. Nous étions des insolents plutôt convenables. »

Cette théâtralité est le secret de la longévité du *Masque et la plume*, qui est autant une émission de cabots qu'une émission de critiques, et elle explique, je crois, la relation très sentimentale, très trouble, que Régis entretenait avec la radio. Au studio 104, au fond duquel brillaient les grandes orgues catholiques de son enfance basque, dans cette immense salle de concert reconvertie en tribunal des conflits, face à huit cents spectateurs que le dramaturge de *La forêt noire* et de *Siegfried 78* n'avait malheureusement jamais su convaincre mais que le patron du *Masque* galvanisait, rythmant l'émission d'impromptus pianistiques, distribuant la parole avec une prestance de grand chambellan, à la fois mondain et populaire, autoritaire et séducteur, caustique et enfantin, chef d'orchestre et diplomate, Régis était vraiment dans son *personnage*. Il en rajoutait volontiers, et gonflait sa voix de sociétaire du Français rompu aussi bien à la comédie qu'à la tragédie. Même les œufs pourris, jetés sur la tribune par l'équipe d'un film maltraité, Régis les essuyait avec panache, et une main de prélat qu'on eût dit gantée, ce jour-là. Parfois, heureux de rompre le protocole, il recevait des vedettes, Jean Cocteau, Maurice Chevalier, Jacques Brel, Françoise Sagan, François Truffaut, Claude Lelouch ou Alain Robbe-Grillet, qu'il accueillait à la manière du châtelain, si fier de ses tapisseries d'époque, de son jardin à la française et de son petit théâtre à l'italienne.

Je le vois encore l'après-midi où il m'accueillit pour la première fois au *Masque et la plume.* J'avais vingt ans et des poussières. J'étais un jeune critique littéraire, autrement dit, j'étais déjà vieux. La preuve, je fumais la pipe d'où je m'exerçais à tirer, d'un air inspiré, des volutes savantes et indiennes. A-t-on idée, à cet âge-là, plutôt que d'arpenter le monde avec un sac au dos, de s'instituer juge des écrivains et de prétendre prospérer dans la glose ! C'est que, après la mort accidentelle de mon père, le journalisme m'avait permis d'entrer dans la vie active sans fuir ma chère bibliothèque, sans quitter tout à fait la Sorbonne, où je philosophais sur Kierkegaard, et sans prendre surtout le risque d'écrire pour moi-même. *Les Nouvelles littéraires* n'étaient pas si loin de l'esprit de la khâgne et de sa rhétorique faraude, c'était somme toute assez réconfortant. Et puis, critiquer les autres m'épargnait d'avoir à m'examiner et m'obligeait à paraître sûr de moi, ce que, évidemment, je n'étais pas.

J'entrai, ce jour-là, dans le studio en fanfaronnant pour mieux cacher que je tremblais. Le public était assis, plus un fauteuil de libre à l'orchestre comme au balcon, il grouillait, bourdonnait, salivait, se préparait aux jeux du cirque littéraire. Je montai, hagard, sur la scène où avaient pris place, autour de la tribune, les vieux briscards de la critique,

Bertrand Poirot-Delpech, Jean-Didier Wolfromm et Jean-Jacques Brochier, un mégot pendu à ses lèvres boudeuses. J'eusse aimé m'enfoncer sous terre, disparaître, mais c'était trop tard. Martine de Rabaudy, l'assistante de l'émission, s'évertua en vain à me réconforter. Arriva enfin Régis, du fond de la scène, on aurait dit la statue du Commandeur. Je guettais le feu du ciel. Il posa sa main sur mon épaule et me lança : « Bienvenue au club. On m'a assuré que vous étiez un grand lecteur, un boulimique. Eh bien, prouvez-le ! » Soudain retentit gaiement *La fileuse*, de Mendelssohn, jouée par Daniel Barenboïm, telle une pluie sous le soleil. La suite, je l'ai oubliée. Je ne garde que le souvenir fiévreux d'avoir parlé très vite à côté de moi, comme on marche à côté de ses pompes, et regardé en l'air pour ne pas avoir à affronter, en face, les spectateurs. Au micro, pour mon baptême du feu, *je* fut un autre. Régis, lui, voulut bien se montrer paternel et indulgent.

Et puis, les années passèrent. J'entrai peu à peu dans mon rôle (comme au théâtre, *Le masque* a ses emplois, on les garde pour toujours), celui d'un critique scrupuleux. Mon registre naturel était donc *le sérieux*. Je n'étais pas doué pour l'épate, la bravade, le drapé et les moulinets. Il me manquait le génie des lazzis ou le lyrisme fleuri d'un ténor du barreau. Je n'étais ni l'urticant procureur Wolfromm ni le convaincant avocat Poirot-Delpech. Les vertus du comédien m'avaient été refusées.

Jusqu'au jour où Pierre Bouteiller, qui avait succédé à Régis, me céda sa place et m'offrit d'animer l'émission. Je ne m'y attendais pas. J'acceptai aussitôt. Ce fut comme une révélation. J'ai tout de suite aimé me glisser dans l'habit du Fregoli que passionnent à la fois le cinéma, le théâtre, l'opéra et la littérature, dans la peau tannée du personnage qui donne la parole aux chroniqueurs, en appelle au public, distribue les piques et les cœurs, feint de maîtriser ce qui lui échappe et de tempérer les tempêtes qu'il a secrètement provoquées, s'oblige à une neutralité qu'il ne cesse de violer, joue au fil de l'émission de tous les instruments dont la politique dispose, l'autorité, la douceur, le persiflage, l'étonnement, l'émerveillement, la litote, la réprimande, la complicité, parfois même la démagogie.

J'ignore d'où vient chez moi, qui suis un timide bousculé et fus un piètre soldat de l'armée de l'Air, cette disposition à diriger, à mener de petites troupes au front, à faire le chef, à m'inventer des combats et des maquis imaginaires, à avoir aussi besoin d'ennemis. Je crois qu'il y a quelque chose d'assez enfantin dans ce plaisir-là, et beaucoup de nostalgie dans le désir de former des clans contre l'ordre établi des adultes. Régis conduisait *Le masque et la plume* en chef d'orchestre, à la baguette, je le conduis plutôt en cavalier, à la badine. Ses symphonies étaient comme mes chevaux, des rêves de jeunesse qu'on n'a pas trahis et qui nous permettent de ne pas vieillir trop mal. L'émission plaît à des gens que je ne connais pas et blesse souvent des personnalités que je connais. J'y trouve un certain équilibre. Régis, lui, a fini par verser dans la diplomatie. Ce n'est pas mon idéal.

Mon ami a cessé d'écouter *Le masque* après l'avoir quitté. Une page était tournée, il ne voulait plus revenir en arrière. Il m'appelait gentiment son « continuateur » et, plus tendrement encore, son « fils spirituel ». Je l'ai fait venir une fois au micro, en compagnie de Michel Polac, Georges Charensol et Pierre Bouteiller, pour évoquer ses souvenirs, mais il n'avait plus la flamme. Et puis la plupart de ses amis étaient morts, il n'aurait pas trouvé inélégant que l'émission disparût avec eux. C'est Jean-Louis Bory qui lui manquait le plus. Bory qui, le 11 juin 1979, s'était suicidé avec un 6.35, au seuil de la soixantaine, dans sa propriété de Méréville, le lendemain de l'enregistrement d'un *Masque et la plume* où il avait lancé, en tremblant malgré les psychotropes, son rituel « Comment ça va, mes cocos jolis ? », et dont Régis connaissait, derrière le maquillage clownesque et les hilarantes boutades, les blessures inguérissables.

Deux lettres désespérées de Bory, écrites avant d'en finir, que Régis gardait précieusement près de lui, me bouleversent, je les relis souvent, comme pour tenter de comprendre ce qui, entre les lignes, m'échappe encore. La première date du 15 mars

1979 : « Cher François-Régis, Oui, j'ai repiqué du nez. La séance du *Masque et la plume* n'a été qu'un catalyseur. J'ai rechuté parce que je n'ai pas résolu les problèmes profonds qui me tourmentent. Sans doute cette troisième cure va m'aider à voir clair. Mais le moins qu'on puisse dire est que j'ai mal à l'âme. Eh oui. Et il est vrai que les médicaments, tout en m'aidant, m'épuisent. Attends un peu le feu vert : les visites ne sont pas encore permises. Mais, bien sûr, te voir et bavarder avec toi me ferait du bien. Salue Charensol, Gilles Sandier et les autres de ma part. Je t'embrasse. Jean-Louis.

PS. Mon orthographe fout le camp. Et mon écriture aussi se détériore. »

La seconde est envoyée cinq jours plus tard. Les mots sont parfois les mêmes, on sent la chute inéluctable et proche, c'est en vérité une lettre d'adieu : « Cher François-Régis, j'ai rechuté. Plouf. La deuxième émission du *Masque et la plume* m'a pompé. D'où retour des troubles et retour à l'Ermitage. Mais cette fatigue nerveuse n'a été qu'un catalyseur. Au vrai, tel le chien de l'Écriture, je suis retourné à mon vomi. Avec persistance des insomnies. Il n'en fallait pas plus. Je ne sais plus quand je sortirai de cette glu. J'en ai plus que marre. Je t'écris, d'abord pour te prévenir de mes futures absences, ensuite parce que, ce matin de pluie grise, j'ai éprouvé le besoin d'écrire à un ami. Voilà. Souhaite-moi du cœur (comme on dit dans Corneille). Ton pauvre Jean-Louis. »

Pauvre Régis, aussi, la main tendue dans le vide, qui mesura ce jour-là combien l'amitié vraie, attentive, généreuse, exigeante, était impuissante à calmer les tempêtes intérieures, à renverser le cours nauséeux d'une vie épuisée, à relever la tête de celui qui régnait sur ce que Stendhal nomme les âmes sensibles, et venait d'abdiquer.

Parfois, surtout pendant nos vacances communes dans le Var, il me demandait des nouvelles du studio Charles-Trenet, comme s'il s'inquiétait d'une famille lointaine et recomposée, mais il n'insistait pas. Une seule fois, il me glissa : « J'espère que tu t'y amuses comme je me suis amusé. » Sur ce point, je le rassurai. Il mit alors sa main sur mon bras.

Exceptionnellement, il écouta *Le masque* en juin 1994, lorsque nous parlâmes de *L'homme au désir d'amour lointain*. Il fut touché par les éloges prononcés par Patricia Martin. Il l'invita aussitôt à déjeuner, pour la remercier. Il lui offrit un appareil photo et lui murmura que seule une jeune femme pouvait comprendre son grand roman d'amour, les hommes étaient des malotrus. Il n'avait pas besoin de la séduire, elle était déjà conquise. Régis avait enfin enlevé son masque, seule comptait désormais, jusqu'à sa mort prochaine, la plume de l'écrivain.

Frères ennemis

Dans ma mémoire, ils sont aujourd'hui inséparables. Je nous revois, Poirot-Delpech, Bastide et moi, complotant au bar du Pont Royal, paressant sous la pergola de Ramatuelle, improvisant un bœuf dans le bourgeois appartement de Régis qui donnait sur les platanes de l'Observatoire et les marronniers du Luxembourg, ou cuisinant des plats d'étudiants dans notre maison de la Nouvelle Athènes. On riait de tout. On se moquait de tous. On jouait aux *Trois Mousquetaires*. On ajoutait un épisode littéraire à *Un éléphant, ça trompe énormément* et à *Nous irons tous au paradis*. J'avais l'impression d'être leur contemporain. Je me vieillissais, c'était mon défaut, tandis qu'ils rajeunissaient, c'était leur qualité. On formait un trio joyeux, piquant, insolent.

Et pourtant, chaque fois que Régis avait le dos tourné, Bertrand ne pouvait se retenir, sans méchanceté mais avec obstination, de le persifler. Il jugeait ridicules ses cravates à motifs et ses costumes sur mesure. Il le trouvait pontifiant et avantageux. Il brocardait son goût prononcé pour les titres et les patentes — il allait pourtant les guigner, à son tour, en se présentant à l'Académie française. Et, bien sûr, il pensait qu'il ne méritait ni les femmes qui étaient éprises de lui ni les chancelleries que Mitterrand lui avait concédées. Il se prévalait de l'amitié fraternelle qui, depuis des décennies, le liait à Régis pour mieux stigmatiser ses défauts et dévaloriser ses qualités. Le cadet enviait souvent l'aisance, le raffinement, l'ubiquité et l'égotisme de son aîné. C'était un peu Jean Prévost se moquant de Jean Cocteau.

Tout les opposait souvent jusqu'à la caricature, et pourtant le jardinier à la française et le marin de l'Atlantique, l'hédoniste de La Garde-Freinet et le masochiste de Granville, se sont follement aimés. Souvent déchirés, aussi. Trop proches, trop loin. Je les ai beaucoup observés.

L'un était d'un romantisme échevelé, l'autre appartenait à la famille des naturalistes narquois. Régis pensait que la vie est un songe, croyait aux sortilèges du roman et au lyrisme des grands sentiments, il avait le verbe évasif, fluide et printanier. Bertrand préférait les vertus ironiques de la sotie et le massacre méthodique des bons sentiments, il sertissait sa prose avec des griffes. C'était le piano à queue contre l'accordéon à touches. Luchino Visconti contre Yves Robert. *Siegfried 78* contre *L'Été 36*. La redingote contre le pull troué. L'un fait pour le bonheur outrageusement, l'autre s'y refusant obstinément.

Régis plastronnait, Bertrand ricanait. Trois années seulement les séparaient, ce n'était rien en temps de paix, ce fut beaucoup, pendant la guerre. En 1945, alors que le sous-officier Bastide, maigre jeune homme de dix-neuf ans engoncé dans un uniforme kaki et coiffé d'un calot, occupait la Sarre avec la division Leclerc, le scout Poirot-Delpech, garçon de seize ans encore affublé de culottes courtes, accueillait à l'hôtel Lutetia les déportés, retour des camps, et offrait ses bras vigoureux aux spectres chancelants. C'est ainsi que le premier fut un adulte précoce et le second, un adolescent qui ne voulut pas grandir.

Ils avaient en commun d'être des fils de médecins, de se proclamer de gauche, d'aspirer aux honneurs et d'aimer conquérir les femmes comme, autrefois, les princes gagnaient des places fortes : pour la gloire et sans prendre le temps d'y demeurer après les avoir occupées. Cette manière de ne pouvoir vivre sans séduire, ni séduire sans faire souffrir, et cette façon de toujours jouer la mauvaise comédie des coups de foudre à répétition, étaient, pour moi, d'un autre temps. Pour tout dire, je trouvais ces deux charmeurs professionnels assez démodés. Comme le sont, aujourd'hui, les hommes, trop crâneurs et très lâches, dans les romans véloces de Sagan — bonheur, impair et passe.

Je les voyais se débattre dans les piteux embarras d'intrigues pitoyables et les réveils pâteux d'aventures sans lendemain ; s'étouffer dans l'âcre fumée de feux mal éteints. Il m'arrivait de recevoir les plaintes de quelques éconduites aux yeux de soie, les colères de jolies larguées, pleines de bleus à l'âme et de chagrins de passage. J'excusais maladroitement mes deux amis en soupirant. J'invoquais parfois l'aveu attendrissant et sans doute sincère de Régis, glissé dans *La fantaisie du voyageur* : « Il y a dans mon enthousiasme vers les femmes une certaine distance qui vient de ce que je me suis toujours cru ridicule, peu aimable, voué à l'échec. » Cela ne suffisait pas. Ils exaspéraient leurs victimes mais ils réussissaient à me toucher, car leurs frasques étaient un combat dérisoire, mais si compréhensible, contre l'usure du temps. Régis et Bertrand, qui comparaient et enviaient leurs conquêtes respectives, ont vraiment voulu être beaux et désirables jusqu'à la fin. Ils n'y ont pas mal réussi. Au premier, il suffisait de se mettre au piano et de jouer une romance en bridant les yeux, au second, un vrai sportif, de faire le beau sur les pistes de ski, les terrains de tennis en terre battue et à la barre d'un dériveur, pour que leurs admiratrices succombent.

J'ai connu Bertrand bien avant de devenir l'ami de Régis. C'était un grand blond tout droit sorti de la collection « Signe de piste », dont il cachait d'ailleurs avoir écrit un volume sous le pseudonyme de

Bertrand Mézières, que les préoccupations de l'âge adulte et les devoirs de père de famille semblaient intimider. Il n'en aimait ni les responsabilités ni les concessions, encore moins le confort. Sans doute l'enfant de la débâcle de 1940 faisait-il payer au destin d'avoir perdu son père à dix ans et d'avoir grandi sans repères. Il y voyait l'origine de sa perpétuelle insatisfaction. Il se disait inachevé, mal cousu.

Sur son voilier granvillais, son vélo d'hirondelle ou sa moto de Tintin, ce bourgeois bohème au visage buriné n'en finissait pas de se fuir. Écrivain volage, amant insoucieux, il se flattait de ne posséder qu'une seule cravate pour la représentation et avait habité une garçonnière, ancienne chambre de cocher située au fond d'une cour pavée du 20 rue de l'Université, jusqu'à ses soixante-huit ans. C'était en 1987, date à laquelle, las de jouer *Le grand dadais*, et après avoir consciencieusement fait l'éloge, dans sa chronique du *Monde*, de tous les personnages solennels qui allaient l'adouber, il entra sous la Coupole pour mettre un peu d'ordre dans sa vie, sa bibliothèque et ses armoires. Ce qui ne l'empêcha pas de persister, après son élection, dans des genres littéraires et épistolaires où ce khâgneux excellait : le canular, le pastiche, le libelle, sans négliger la traque flaubertienne des tics langagiers de la modernité. Je conserve d'ailleurs une centaine de ses lettres, souvent très drôles, parfois féroces, qu'il signait du nom d'éditeurs, d'écrivains ou de journalistes en vue, allant jusqu'à imiter leur écriture manuscrite pour mieux se moquer d'eux et me provoquer. Il lui arrivait aussi, lorsqu'il était en désaccord avec l'un de mes articles ou l'une de mes émissions, de se faire passer pour ma tante et mon oncle bon chic bon genre qu'il avait croisés dans sa jeunesse. Je riais jaune.

« Quand donc cesserez-vous d'avoir mauvais esprit ? » lui avait demandé François Mauriac, qui fut son protecteur, son débiteur (« Au vieil homme misérable que je suis, vous avez donné ce dont il a le plus besoin en ce monde qu'il quittera bientôt, la signature du Christ sur un être, la trace de Dieu dans l'argile humaine », diable !), et qui s'inquiétait de son avenir. Jamais, aurait répondu le jeune Bertrand, vingt-deux ans, dont la détestation de la grandiloquence, du sérieux pompeux, de l'autofiction et de l'autosatisfaction était alors une manière de dissimuler sa pudeur maladive, et touchante. « Jamais. Comme vous, monsieur Mauriac », aurait-il même ajouté. À l'exception du bref *Couloir du dancing*, il s'est en effet toujours refusé à parler de lui. À la confidence, ce brillant styliste préférait la raillerie. Beaucoup de ses livres en portent la marque : de son pamphlet antigiscardien *Tout fout le camp*, signé Hasard d'Estin, à *La légende du siècle*, où Hitler bouffe des rillettes dans le wagon de Montoire et pleure sur son impuissance sexuelle tandis que Drieu et Aragon filent, main dans la main, au bordel de la rue de l'Arcade, en passant par *Les grands de ce monde*, où de Gaulle, au lieu d'aller retrouver Massu à Baden-Baden le 29 mai 1968, trinque à la station de métro Balard avec un garde républicain.

Bertrand n'était sérieux que sur les sujets graves. Marqué pour la vie par son expérience du Lutetia, en 1945, il avait écrit, avec *Monsieur Barbie n'a rien à dire*, un féroce procès-roman sur le bourreau nazi de Lyon, poursuivi Maurice Papon de toute sa colère rétrospective dans *Un crime de bureau* et recueilli, dans le bouleversant *J'ai pas pleuré*, la confession d'Ida Grinspan, arrêtée à quatorze ans par la police française et déportée à Auschwitz.

Ida réveillait, chez Bertrand, un ineffaçable souvenir. Celui de Youra Riskine, son camarade de seconde au lycée Louis-le-Grand, un virtuose du piano et de la philosophie, noté absent un matin de 1943, exterminé à quinze ans. « Ma vocation de journaliste, répétait-il, date de là. L'obligation de savoir : un devoir sacré. » Fidèle au *Monde* et à sa rigueur pendant un demi-siècle, il en avait été successivement le chroniqueur judiciaire, le critique dramatique, tendance TNP, et le feuilletoniste littéraire, école Thibaudet. Il avait la passion du métier et l'enthousiasme contagieux. Car ce persifleur-né aimait aimer.

L'idée la plus juste que je me fais de Bertrand, c'est dans son bref essai, *J'écris Paludes*, que je la trouve. Il y raconte pourquoi il relit, une fois l'an, la sotie d'André Gide, ce « traité narquois de la velléité et du fiasco, sur fond de mondanités grisâtres ». Et il explique, entre les lignes, comment il est devenu un écrivain embusqué de la famille si française des émotifs sanglés et des hussards de gauche. Mon père aussi était atteint de ce *paludisme* gidien dont j'ai hérité. Étrange maladie. Rien, contrairement aux *Nourritures terrestres*, bréviaire de l'exaltation, ne destinait en effet *Paludes*, précis de l'inhibition, à devenir un livre culte, un mot de passe, un code pour initiés, un signe de connivence et de reconnaissance, l'élégant emblème d'une secrète confrérie.

C'est à vingt-cinq ans, en revenant d'Afrique du Nord où il connut sa première aventure homosexuelle et à la veille de son mariage avec sa cousine, qu'André Gide, déprimé, rédigea cette brève, allusive, ironique et inclassable sotie. Elle met en scène un auteur en panne d'inspiration qui se réclame de Virgile, s'ennuie comme Tityre dans ses marécages, se moque des salonnards et rêve de partir pour Biskra, mais ne dépassera pas Montmorency. Tout est pathétique, voire grotesque, chez ce narrateur impuissant qui, de toutes ses forces, résiste en même temps à la littérature, à l'amour et à l'action. Voilà pour la maigre trame. *Paludes* vaut pour son style, ses admirables litotes, son humour cinglant caché sous des dialogues compassés, sa férocité sur la vanité des gendelettres, la vacuité des diaristes, et l'insignifiance du luxe où roupillent, satisfaits, les égoïstes.

Paru en 1895 de manière presque confidentielle,

incompris de la plupart des contemporains de Gide, à l'exception de Mallarmé, cet éloge des indécis a néanmoins traversé le vingtième siècle et s'est trouvé, à chaque génération, de nouveaux adeptes. Comme Bertrand et comme Philippe, mon père, ce sont, pour l'essentiel, des écrivains tiraillés entre leurs ambitions et leurs doutes, le narcissisme et le masochisme, le désir de faire une œuvre et le besoin d'agir, l'envie folle de réussir et l'irrépressible tentation de l'esquive. Ils connaissaient ce texte par cœur, s'en récitaient des extraits avec complicité — « Un livre, Hubert, est clos, plein, lisse comme un œuf » —, se l'appropriaient, et n'en finissaient pas de s'étonner de placer si haut une telle preuve de désabusement.

C'est un professeur de Louis-le-Grand qui, en khâgne, initia à *Paludes* les deux élèves, Philippe et Bertrand, avec cette gourmandise où s'annonce le vice. Ils furent l'un et l'autre sous le choc, s'exclamant à chaque page : « C'est moi, c'est tout à fait moi ! » Cinq ans avant de mourir, Bertrand consacra son ultime livre à ce « gai roman de l'ennui » dont parlait très bien Léon Blum. Et j'entends encore mon père, qui découvrait au début des années 1970 les vertus du magnétophone, se lire à lui-même et à haute voix dans son bureau, pour le seul plaisir d'en conserver une trace orale, des passages de ce texte qui lui ressemblait tant. « Destinées faites sur mesure. Nécessité de faire craquer ses vêtements comme le platane ou l'eucalyptus, en s'agrandissant, ses écorces... » Je regrette de n'avoir jamais retrouvé la cassette. Car, de mon père, je n'ai rien oublié, j'ai tout conservé, pieusement, sauf sa voix.

La première fois que j'ai vu Bertrand, c'était en 1976. J'allais avoir vingt ans, il en avait quarante-huit. Il m'est facile d'être précis. C'était un été de canicule et il était l'exact contemporain de mon père, qui était mort d'une chute de cheval trois ans auparavant. Bertrand m'avait écrit une lettre de condoléances, ou plutôt de compassion, dans laquelle il m'apprenait qu'il avait été, en khâgne, le condisciple de mon père, Philippe.

Il avait su trouver les mots justes pour m'en faire un portrait à la fois attendri, irrité et ressemblant. Celui d'un jeune dandy aux gants beurre frais, à la veste de chevron rouille et à la démarche cérémonieuse, qui affectait de ne pas frayer avec les internes aux ongles noirs dont les Gaffiot étaient maculés de taches de saucisson à l'ail. Au lieu de préparer le concours de la rue d'Ulm, il préférait donner, à des revues littéraires prestigieuses, de savantes études sur Diderot, Joubert ou Flaubert. Et si mon père avait de bonnes raisons d'horripiler les élèves consciencieux et souvent sans le sou, il l'impressionnait par son érudition, sa précocité et son assurance. « Au fond de moi, m'écrivait Bertrand en juin 1976, Philippe est le gage qui me permet de croire au mot dévalué d'élégance. Il incitait à une communication autre, plus pure que celle des mots, qu'il faisait pourtant sonner avec amour et tant d'exactitude. Nous en parlerons… » Nous avons beaucoup parlé.

Sans doute Bertrand, bourgeois démuni, jalousait-il un peu l'insoucieuse aisance de mon père, qui vivait encore chez le sien, grand neurologue au magistère intimidant. Leur amitié, fondée sur le culte de Valéry et de *Monsieur Teste*, entretenue sous les marronniers du Luxembourg où ils avançaient dans leurs nuances avec des précautions d'un autre temps, avait survécu à la khâgne et à leurs échecs respectifs à l'École normale supérieure. L'un au *Monde*, l'autre aux Presses Universitaires de France, ils s'observaient réussir dans des métiers voisins mais savaient, l'un et l'autre, sans se l'avouer jamais, qu'ils n'avaient pas tenu la promesse de leurs vingt ans : ne vivre que pour la littérature. Être, à une altitude flaubertienne, de purs esprits en quête d'absolu.

Lorsque, en 1976, Bertrand m'accueillit dans un grand bureau noir de son journal, alors situé 5, boulevard des Italiens, c'était pour me signifier, avec cette affection gênée, cette gentillesse maladroite, bourrue, qui l'empêchait toujours de paraître franc, que je pouvais et devais désormais compter sur lui. Il se proposait d'être un père de substitution. Il devint plutôt un grand frère. Un grand frère fantaisiste, empêtré dans d'impossibles histoires sentimentales, courant après l'argent, incapable de se poser, disparaissant en mer, et surgissant sans prévenir dans ma vie pour me raconter ses misères, ses coups de foudre, ses rêves brisés et m'expliquer, en rigolant, qu'il était un moins-que-rien. Certains étés, à Ramatuelle où il nous rejoignait avec son sac à dos rempli d'épreuves de romans et de linge sale, on avait l'impression, Anne-Marie et moi, de devoir compter à la maison avec un quatrième enfant, qui aurait poussé trop vite et dont on ne saurait pas comment soigner le persistant masochisme, comment calmer l'ironie destructrice.

Car, si Bertrand ne s'aimait guère, il semblait plus encore encombré par le bonheur des autres et, méthodique, s'appliquait volontiers à l'ombrager. C'est qu'il trouvait presque inconvenants les couples heureux, les familles unies, les carrières accomplies et les livres caressés par le succès. Ainsi Régis devint-il, à la fin de sa vie, sa tête de Turc favorite au prétexte qu'il avait non seulement été élevé au rang prestigieux d'ambassadeur mais aussi rencontré une femme déterminée dont, sous les traits de Regina Ilma, il allait faire l'héroïne de *L'homme au désir d'amour lointain*. Car il fallait bien cinq cent soixante pages à Régis pour exprimer tout ce que Béatrice lui inspirait et dont il débordait.

Lorsque le roman parut, Bertrand s'éclipsa avec un méchant sourire et laissa à un pigiste le soin de l'exécuter dans *Le Monde*. Titre : « Cliché royal. » Sous-titre : « François-Régis Bastide accumule les images pour midinettes. » Extraits : « Faux roman à l'eau de rose », « conte de fées too much », « un roman qui abuse des clichés »... Le jour de la publication de cet article, Régis m'appela. Sa voix était méconnaissable. C'était la voix d'un homme brisé, médusé. « Mais pourquoi, me répétait-il, Bertrand m'a-t-il fait ça ? » S'il souffrait qu'on fût sévère et même injuste avec son roman, qui serait d'ailleurs le dernier, il n'acceptait pas d'avoir été trahi par celui qui prétendait être son meilleur et plus vieil ami.

Qu'en plus de son ambassade à Vienne et de sa longue dame brune, Régis eût écrit un vrai et grand roman était insupportable à son rival de toujours. Furieux, je téléphonai aussitôt à Bertrand qui, dans un registre où il excellait, fit semblant d'ignorer l'existence d'un article qu'il avait encouragé et dont il avait applaudi la malveillance.

Bertrand raillait l'amitié qui me liait à Régis. Et plus encore l'estime que j'avais pour l'écrivain, dont il avait pourtant célébré autrefois dans son feuilleton la phrase qui « ressemble à une houle » et « les prodiges d'harmonie », en appelant même à Nimier et Aragon. Il pouvait avoir les mots blessants du mari trompé : « Mais enfin, qu'est-ce que tu lui trouves, à ce pingouin de Bastide ? » Eh bien, je trouvais qu'il était doué pour inventer des histoires, pour donner de la vie à la vie, qu'il était un romancier dans l'âme et un magicien aux tours épatants. Bertrand avait les qualités littéraires opposées, c'était un pur styliste, un redoutable pasticheur, voire un moraliste, mais déjà il n'écoutait plus mes arguments, ruminait ses mauvais sentiments à la manière des vieux loups de mer qui boivent un pastis au café du port en regardant partir vers l'horizon les chalutiers multicolores où ils n'ont plus leur place.

Au cours de l'été 2002, Bertrand faillit mourir. Pendant six heures d'opération, on lui ouvrit les côtes au sécateur et on raccommoda son aorte en charpie. Je rentrai aussitôt de Normandie pour aller le voir à l'hôpital. Il marchait tout juste. À pas lents, bras dessus bras dessous, on alla s'asseoir dehors, sur un banc protégé du soleil par la frondaison d'un platane. Je lui dis combien je tenais à lui et que le temps était venu, pour lui, de s'aimer un peu. Je citai de mémoire ses plus belles pages du *Couloir du dancing* et de *Traversées*, ses chroniques inspirées sur le TNP de Vilar, j'invoquai sa fidélité exemplaire à la gauche de Jaurès et de Blum, sa résistance littéraire aux modes et aux tendances, son style dont il était si heureux que je le compare à une « marqueterie », son humour lapidaire que même la fatigue n'avait pas ruiné. Il sourit avec une douceur d'enfant malade. L'air était trop chaud. Il avait beaucoup maigri. D'une voix encore faible, il me raconta la douleur, les urgences, le billard, « les entrailles béantes, les éboulis de silence, la durée abolie, la conscience en miettes », il me dit sa gratitude à l'égard du jeune chirurgien qui avait tenu son cœur dans la main, « tu te rends compte, mon cœur dans sa main ? », il me parla aussi de ces visages aimés qui soudain s'étaient affolés autour de son lit, ses deux filles, son fils et Loly, dont pour la première fois il avait mesuré l'étendue de la tendresse, et il s'était étonné de l'absence, à son chevet, de Régis jusqu'au moment où il avait réalisé que son ami était mort depuis six ans déjà. Et sur son visage blême et désemparé de convalescent, je vis alors passer, à la vitesse d'une ombre, l'infini regret du frère auquel, par négligence, pudeur rancie et goût de la compétition, l'on a oublié d'exprimer son irréfutable amour.

La guerre du goût

En 1985, Paris fête, en grande pompe, le jubilé des éditions du Seuil. Auteurs, conseillers littéraires, directeurs de collections, tout le monde y va de ses souvenirs. À Saint-Germain-des-Prés, c'est l'entente cordiale. Dans un milieu où les rancunes sont mesquines et les antipathies tenaces, seuls les anniversaires ont la vertu de réconcilier les belligérants et le pouvoir de rassembler, le temps d'un cocktail, la famille décomposée, éparpillée.

Pourtant, un cadre historique de la maison de la rue Jacob, trente années de loyaux services, refuse de sacrifier à cet œcuménisme de façade. Il vit loin, désormais, de la capitale française. C'est François-Régis Bastide, qui vient d'être nommé ambassadeur auprès de la république d'Autriche. De Vienne, il répond, sans diplomatie, à une interview de *Libération*. Évoquant le directeur de la revue *Tel Quel*, qui a bousculé les éditions du Seuil et mené, de l'intérieur, une guerre sans relâche contre l'académisme, l'apolitisme et le somnambulisme, Régis parle de l'« immonde Sollers ». Le mot est d'une violence rare. « Immonde, précise *Le Robert*, d'une saleté ou d'une hideur qui soulève le dégoût ou l'horreur ; d'une extrême immoralité ou d'une bassesse qui révolte la conscience. » Rien que ça.

Vingt-deux ans plus tard, Philippe Sollers n'a pas oublié cet « immonde »-là. Il me raconte comment, après avoir lu *Libération*, il téléphona, ivre de rage, à Roland Dumas, alors ministre des Affaires étrangères, et lui demanda que fût sanctionné un ambassadeur de France coupable, en exercice, d'avoir insulté publiquement l'un de ses compatriotes. À en croire Sollers, le Quai d'Orsay aurait adressé aussitôt un avertissement à Bastide et l'aurait rappelé, y compris sur le territoire littéraire, à son devoir de réserve.

Quelque temps auparavant — c'était en 1981 —, les deux farouches ennemis s'étaient croisés sur le plateau d'*Apostrophes*. L'aîné publiait *L'enchanteur et nous*, fresque musicale et politique au parfum d'aquavit, son cadet de dix ans signait *Paradis*, roman sans ponctuation constitué d'une seule phrase organique et volcanique. Le comble du raffinement contre le paroxysme de la sauvagerie. L'érudite conversation contre le monologue intérieur. L'héritage de Cocteau contre celui de Joyce. Deux conceptions radicalement opposées de la littérature. Selon sa méthode coutumière, Bernard

Pivot demanda à chacun ce qu'il pensait du livre de l'autre, mais les deux invités, craignant de perdre leur crédit et leur sourire télégénique, choisirent de se taire. Sous le silence tactique, la haine transpirait. Pivot s'en souvient encore : « Heureusement, me dit-il, il y avait, sur le plateau, Patrick Modiano dont les bégaiements firent diversion et qui, pour détendre l'atmosphère, compara le roman de Sollers aux scoubidous de son enfance. »

Il me semble pourtant que, à la fin des années 1950, Bastide et Sollers eussent presque pu s'entendre. Ils venaient tous deux du Sud-Ouest et de la bourgeoisie catholique. Nés dans le bon goût et face à l'Atlantique, ils aimaient la musique — romantique pour l'un, baroque pour l'autre — et les *Essais* de Montaigne. Ils avaient la même ambition, située bien au-dessus de la moyenne, et la même disposition naturelle à séduire les femmes. Régis accompagna même, en 1956, les beaux débuts de son cadet.

En décembre de cette année-là, Philippe Joyaux adresse une lettre appliquée à Jean Cayrol, né à Bordeaux, Résistant et déporté à Mauthausen, qui vient de créer, aux éditions du Seuil, la revue *Écrire*, vouée à la publication exclusive des premiers textes et à la découverte d'auteurs encore inconnus. « Parmi les raisons que j'ai de vous écrire, il me plaît de choisir la plus insignifiante : j'ai vingt ans et je suis bordelais. Hélas, j'ai ce malheur de n'être pas froissé avec la littérature et d'avoir contre moi un informe, mais court, manuscrit dont j'aimerais savoir les faiblesses. J'en viens à l'important : mon envie de vous connaître. Et je vous prie bien profondément de ne voir en elle aucune habileté... Si, au risque de ce doute, je vous assure que vos poèmes — et cet admirable cri de *Nuit et brouillard* — sont pour moi d'une matière très précieuse et très intime, vous pouvez m'en croire sans sourire. Bien entendu, il serait inélégant de feindre d'ignorer qu'*Écrire* est une tentation... »

Cet « informe manuscrit », c'est *Le défi*, que Jean Cayrol fait paraître, en octobre 1957, dans la troisième livraison de sa revue sous la signature inaugurale de Philippe Sollers et les applaudissements de François Mauriac, décidément le petit père des romanciers en herbe, qui consacre aussitôt un article dans *L'Express* : « J'aurai été le premier à écrire ce nom. Trente-cinq pages pour le porter, c'est peu — c'est assez. Cette écorce de pin dont, enfant, je faisais un frêle bateau, et que je confiais à La Hure qui coulait au bas de notre prairie, je croyais qu'elle atteindrait la mer. Je le crois toujours. »

Ce qu'on ne sait pas — Sollers lui-même l'ignorait —, c'est que le lecteur du *Défi*, au Seuil, fut d'abord François-Régis Bastide. Dans un rapport rédigé à la main, daté du 14 janvier 1957 et couronné par la décision « manuscrit accepté », Régis, s'il émet des réserves, ne cache pas son excitation : « Il n'y a dans *Le défi*, à première vue, qu'une très honnête tentative d'explicitation amoureuse, bourrée de littérature et de débris de nombril chatouillé. Mais il y a tout de même un ton très *pur*, et de la race, avec les préciosismes incontournables et les contournements (" Le froid n'avait pas permis que nous nous dénudions tout à fait"). Enfin, l'écrivain éclate quand il montre son laboratoire et se discerne lui-même avec une grande exactitude, dans la postface. C'est là une œuvre représentative au plus haut point, et à coup sûr, de stendhalisme visité par Baudelaire, de dandysme brûlant, ce que Stendhal dénonçait par son "combat sur la frontière." C'est une bonne frontière, un idéal pour *Écrire*. F.R.B. » Et voici comment Jean Cayrol, sur proposition de Régis, fit, d'un certain Joyaux, le futur Sollers.

L'année suivante, lorsque paraît *Une curieuse solitude*, cette éducation sentimentale, rédigée par un garçon de vingt et un ans, où une domestique espagnole initie à l'amour un fils de famille, et où sont invoqués Debussy, Mallarmé et Proust, l'auteur de *La jeune fille et la mort* est à nouveau épaté par le troublant alliage d'inventivité et de classicisme. Il sent bien que le garçon prodigue n'est pas sa famille littéraire, mais il y a, chez ce débutant, un aplomb et une audace qu'il jalouse. En 1961, il reçoit même le jeune Sollers, déjà très disert et assez insolent, à la tribune du *Masque* pour lui lancer un mémorable : « Je souhaite au *Parc* ce que Mauriac, Henriot et Aragon ont souhaité à votre premier livre ! »

Mais, très vite, la rivalité l'emporta sur la complicité. Une rivalité de jeunes lions condamnés à vivre dans la même cage. Car tout, en profondeur, les opposait : l'idéologie (Régis en pinçait pour le PSU quand Sollers se prétendait maoïste), la seconde patrie (l'Allemagne pour l'un, la Chine pour l'autre), les références littéraires (Giraudoux et Giono d'un côté, Sade et Céline de l'autre), le style (que le premier ripolinait et que le second concassait), les femmes (Régis n'accepta pas, à une époque, que la belle Flamande Dominique Rolin lui préférât le brillant Bordelais), la stratégie (l'un s'obstinait à plaire, l'autre travaillait à déplaire) et la réussite sociale : Régis voulait des titres ronflants, des prix littéraires, des grands tirages, un public, et guignait déjà une académie, qu'elle fût française ou Goncourt, il allait se contenter du bicorne provincial d'ambassadeur, alors que Philippe, lecteur émérite de Clausewitz, avait compris que, pour durer dans un milieu où l'aisance est suspecte, il convient de refuser les décorations, de s'écarter des institutions, de faire peur au bourgeois, et de constituer une ligue rebelle, de fonder un clan, d'imposer une « théorie d'ensemble » — ce fut *Tel Quel* au Seuil, et puis *L'Infini* chez Gallimard.

Au Seuil, pendant près de trente ans, malgré l'exiguïté des locaux et l'étroitesse des escaliers en colimaçon, les deux rivaux s'appliquèrent donc à toujours s'éviter. Sollers feignait d'ignorer Bastide, jugeant que l'attaquer était lui accorder de l'importance. Bastide, en revanche, ne manquait jamais une occasion de vitupérer Sollers, qui réunissait alors tout ce qu'il détestait : la gauche extrême, la psychanalyse, l'illisibilité, le matérialisme, la modernité. Que feu son beau-frère, Jean-René Huguenin, l'auteur de *La côte sauvage*, mort à vingt-six ans dans un accident de voiture, eût participé à la création de *Tel Quel* ajoutait encore à son inépuisable, inexplicable courroux que ni le temps ni les chancelleries ne devaient apaiser. Cela reste, pour moi, un grand mystère.

Onze ans après sa mort, Philippe Sollers, avec qui je déjeune place de la Bourse pour en savoir plus, s'étonne que j'écrive sur celui qu'il compare méchamment à « un grand dindon caquetant » dans ses mémoires, intitulés *Un vrai roman*. « Bastide, quelle drôle d'idée... » Il l'avait en effet oublié. Seul l'adjectif « immonde » lui évoquait encore cet exaspérant dandy auquel, en creusant bien sa mémoire, il reprochait d'avoir ignoré Sade, Nietzsche, Lacan et Barthes, d'avoir été silencieux pendant la guerre d'Algérie, de n'être pas monté sur les barricades de Mai 68, et, en fait de combat, d'avoir défendu avec ardeur les prix littéraires lorsqu'ils furent ridiculisés, dans *Les intellocrates*, par Hervé Hamon et Patrick Rotman. Ses romans ? Il ne les a pas plus lus que ceux de François Nourissier ou Bertrand Poirot-Delpech. Son excellent *Saint-Simon par lui-même*, paru en 1953 dans la naissante collection « Écrivains de toujours », et que Régis avait rédigé vite afin de payer sa dette au « plus grand écrivain de notre langue mais le plus inconnu » ? Oui, peut-être, Philippe ne sait plus, c'est si vieux tout cela, et Régis est si loin…

Pour comprendre ce qui séparait irrémédiablement les deux écrivains, il faut relire, dans *La fantaisie du voyageur*, cette page d'une terrible lucidité où un garçon de vingt ans, de retour d'Allemagne et de passage à Paris, observe à la terrasse du Flore un petit vieillard sangloter — c'est Antonin Artaud — et un homme à l'accent indéfinissable — c'est Arthur Adamov — qui tente en vain, tout en le rabrouant, de le réconforter. « J'aurais peut-être dû, écrit Bastide, me mettre de ce côté de la vie, noircir du papier obscur, me poser des questions angoissantes, vivre avec des écrivains en larmes, puisque j'avais écrit un petit livre élégiaque, militer, boire, me suicider parfois. Or, je n'avais que mépris apeuré pour des gens si mal à leur aise. Je préférais faire antichambre, même pour rien, dans les ministères. J'aimais les chaînes des huissiers rubiconds, les palais nationaux gardés de jour et de nuit, les gens connus et protecteurs. En tout cas, je ne sangloterais jamais, avec ou sans génie. J'avais même décidé, quelle commodité, que je n'aurais pas de génie et que, sur ce seul point, je répudierais Ravel : je ne refuserais pas la Légion d'honneur. Toute ma jeunesse la réclamait déjà. »

Les décorations, plutôt que *Les Tarahumaras*. Le paradis des ambassades, plutôt que l'enfer de l'asile, à Rodez. Artaud est mort à cinquante-deux ans, excédé par lui-même et maudit par tous ; Régis, à soixante-dix ans, commandeur de la Légion d'honneur, des Arts et Lettres et de l'ordre national du Mérite, croix de guerre 39-45, grand-croix du Danebrog et de l'ordre de la république d'Autriche. Épinglé comme un beau papillon diurne sur le liège.

Qui sait si un historien de la littérature de la seconde moitié du vingtième siècle n'opposera pas un jour, pour la résumer et l'illustrer, les Bastide aux Sollers, les anciens aux modernes, les tenants du beau style aux laborantins de l'écriture, les nostalgiques aux futuristes, les mémorialistes aux idéologues, les diplomates aux factieux, et les hédonistes de *La vie rêvée* aux guerriers du goût.

Il m'arrive souvent de penser que j'aurais aimé réconcilier ce stendhalien à l'âme trop sensible et ce flaubertien aux principes d'airain autour d'un Bösendorfer ouvert, dans la pénombre, sur une partition de Mozart, et leur prouver qu'ils se sont manqués. Certains livres, on les écrit parfois pour que les vivants pactisent avec les morts.

Notre ambassadeur en Villanovie

Sur Régis, qui n'avait pas la jambe courte du consul Henri Beyle à Civitavecchia, ni le bedon amidonné du ministre plénipotentiaire Paul Claudel voguant de la Chine au Brésil, l'habit fit merveille. Il l'avantageait, donnait du poids à son maigre profil de héron cendré, légitimait soudain certains airs hautains que, à Paris où l'on affectionne plutôt les littérateurs introvertis et négligés, la société littéraire lui avait beaucoup reprochés.

Dans les salons d'apparat de Copenhague et surtout de Vienne, où il avait hérité d'une énorme bâtisse meringuée, de style Art nouveau, que le prix de Rome Georges-Paul Chedanne, architecte des Galeries Lafayette, avait dessinée en 1901 sur six mille cinq cents mètres carrés pour célébrer l'union morganatique avec l'empire austro-hongrois, il se promenait à la manière compassée du grand chambellan dans les pièces de Giraudoux : la diplomatie fut son théâtre, il y jouait enfin un rôle titre sous un costume coupé à l'ancienne et, dans une ambassade où les tapisseries venaient des Gobelins, les glaces de Saint-Gobain et la vaisselle de Sèvres, donnait la réplique aux respectueux figurants de la vieille Europe.

À Vienne, où il succéda, en avril 1985, à d'innombrables marquis, comtes, barons, maréchaux, généraux, à des La Rochefoucauld, Caron de Beaumarchais, Pineton de Chambrun et autres Talleyrand-Périgord, il se déguisait en Chateaubriand, posait en Saint-John Perse et annonçait Jean-Christophe Rufin, le romancier de *Rouge Brésil* nommé, en 2007, ambassadeur de France au Sénégal. Ce Basque en représentation, qui n'avait travaillé qu'à devenir allemand, était enfin épaté par lui-même : « Je me rengorgeais dans ma petite puissance, ma fonction, mes appuis, mes conseillers, mes gardes, mon chauffeur. »

Trente ans après avoir passionnément étudié, chez Saint-Simon, la délirante, « effarante » science du *bonnet*, autrement dit, en langage ducal, les lois de l'étiquette et les rigueurs des préséances, Régis jouait enfin, à sa manière et en terre étrangère, la fastueuse, sourcilleuse comédie de Versailles, façon Sacha Guitry. Il ne côtoyait pas seulement les grands de ce monde, il entrait dans l'éternité du protocole en respectant des règles venues du plus loin des temps, en observant un cérémonial que l'Histoire, dont il raffolait, avait édicté. « L'aventure, écrivait-il dans son *Saint-Simon par lui-même*, voilà ce qu'est l'étiquette. » L'aventure...

Au Quai d'Orsay, où sa promotion suscita beaucoup de quolibets, pas mal de jalousie et un peu de dédain, on m'assure pourtant que ses chancelleries furent des modèles d'harmonie et qu'il n'avait pas son pareil pour honorer ses hôtes, parler aux expatriés, plaider pour nos produits et démasquer les espions (il mit à la porte, peu de temps après son arrivée à Vienne, un employé de l'ambassade dont il découvrit qu'il travaillait pour un pays de l'Est). Ce chef de mission improvisé, qui parlait couramment le suédois, l'allemand et l'anglais, s'acquitta de sa tâche avec une compétence que ses meilleurs amis et ses plus fidèles ennemis s'obstinaient à lui dénier. Car non seulement il n'avait pas fait l'ENA, et n'était même pas passé par Sciences-Po, mais on savait en outre qu'il était incapable d'écouter et de regarder à la fois, un handicap majeur quand on est amené à représenter un pays lors de conférences géopolitiques.

Seulement voilà : sa fierté d'avoir obtenu l'emploi tant désiré était assombri par le regret d'avoir perdu sa fonction d'écrivain. En somme, il était devenu un personnage en quête d'auteur. Dans sa mémoire, le printemps 1981 signa la victoire de la gauche et la défaite de sa main droite. Il n'avait plus écrit une ligne depuis *L'enchanteur et nous*, ce voyage politique et sentimental en Suède, dans l'île de Yxsund. Rien, fors les télégrammes cabalistiques et les dépêches diplomatiques (ou : Gobineau chez James Bond), les incessants rapports au Quai, d'innombrables discours protocolaires, l'épineuse rédaction des toasts, le courrier de courtoisie qu'un ambassadeur doit à ses pairs et aux notables locaux, le paraphe des visas, la correspondance avec les constructeurs automobiles français, dont les délais de livraison sont trop longs, ou avec le Crédit lyonnais et la BNP afin qu'ils ouvrent, à Vienne, des bureaux de représentation. Il lui semblait qu'il ne savait plus écrire du tout et qu'il avait perdu, en ne signant plus que des notes de service, son aptitude à inventer des histoires, son goût enfantin pour les mensonges invérifiables.

C'était faux, bien sûr. J'ai pu lire le *Rapport de fin de mission*, classé « confidentiel » et adressé le 20 novembre 1988 au Quai d'Orsay, que Régis rédigea à Vienne, un mois avant de quitter son ambassade. Soit une trentaine de pages, qui sont d'un écrivain et dont la chute, trop belle pour être fausse, me ravit. Sous le titre : « Fonctionnement de l'ambassade », il se plaint en effet de consuls honoraires mal choisis, d'un bureau d'ordre « anarchique », d'un système de surveillance « inadapté », d'un service de presse « routinier », d'un mobilier en mauvais état et il clôt sa liste accablante par un cri d'alarme dont l'urgence a dû faire sourire les fonctionnaires parisiens et horripiler son ministre de tutelle : « Le piano Erard, qui date du début du siècle, est inutilisable ! »

Pour le mélomane Régis, c'était plus qu'une faute de goût, un drame qu'il convenait d'exposer avec gravité à ses supérieurs, et le symbole discordant d'une représentation désaccordée.

Dans ce rapport secret placé sous l'égide de Gérard de Nerval (« Il faut bien se persuader que l'Autriche est la Chine de l'Europe ») et de François Mitterrand (« Que l'Europe de 1919 ait été mal équarrie, peu importe : l'erreur de ses créateurs fut d'oublier, à Versailles, à Trianon, à Neuilly et à Saint-Germain, qu'ils signaient des chiffons de papier »), Régis décrit les Autrichiens comme un « peuple humilié, vivant de nostalgie plus que d'espoir », et convaincu d'être persécuté par l'Ouest européen et américain (« dont la presse est aux mains des juifs ») depuis qu'il a élu Kurt Waldheim, un ancien officier de la Wehrmacht, à la présidence de la République.

Régis raconte, dans ce rapport, un tête-à-tête de plus de trois heures avec Waldheim, qui tente de se justifier devant l'ambassadeur de France : « Je ne suis ni un nazi ni un antisémite. J'ai été pris au piège par les miens. L'Autriche a un très bon chancelier et ce sont les miens qui ont fait de moi l'homme seul que je suis. Vous, dites-moi, vous pouvez tout me dire. Personne n'écoute (il se lève et va fermer une porte). Il nous faut l'Europe, l'Ouest. Qui ? Pas les Anglais, qui nous méprisent ; pas l'Italie, qui n'est pas sérieuse et qui est historiquement douteuse. Pas la RFA, qui nous tient. Je ne vois que la France. Bien sûr, je n'imagine pas une rencontre avec votre *admirable* François Mitterrand. Je sais que c'est impossible. Mais je demande un petit geste (sic). Tenez, emportez ce papier que j'ai préparé pour vous. Il est en français. Transmettez-le à vos autorités [...] Le papier qu'il m'avait tendu ne contient aucun mensonge et dit simplement qu'on n'a rien trouvé de décisif contre Kurt Waldheim. Amère victoire. Dans son entourage, on me dit qu'il n'a plus qu'une idée en tête, obsédante : aller aux obsèques de l'Empereur du Japon. Là, il verrait les Grands de ce monde, et on le saluerait. Comme à un vieux Roi de mauvaise tragédie, il faut patiemment, tous les jours, répéter que cette idée n'est peut-être pas excellente. » Formidable scène d'un théâtre politique international dont Régis savoure le plaisir d'être à la fois le dramaturge et l'un des acteurs principaux. La suite, plus conventionnelle, décrit au plus près la volonté des Autrichiens d'adhérer à l'Union européenne. Mais aussi le souci qu'a l'ambassadeur-écrivain de développer les échanges culturels entre Paris et Vienne. (Je me souviens d'être allé voir Régis en 1987 et de la fierté qu'il éprouva à me faire visiter son empire en compagnie de son nouvel attaché culturel, le philosophe et romancier Michel Guérin : l'Institut français, où il recevait alors la troupe de Jean-Pierre Miquel, le Lycée français et ses mille huit cents élèves, et la grande salle de conférences où il préparait un colloque sur la Mitteleuropa avec des intellectuels français, autrichiens, tchèques et hongrois. « Tu vois, m'avait-il dit, je me sens vraiment utile. » Il en était convaincu.)

Lorsque, en 1990, après avoir été ambassadeur délégué permanent de la France auprès de l'Unesco, dont il finit par m'avouer que c'était un poste fantoche, Régis fit ses adieux à la Carrière, ce fut pour présider aux destinées d'une illusion, l'éphémère Centre de conférences internationales du quai Branly, au pied de la tour Eiffel. Interrompu, l'ultime des grands travaux présidentiels devint un trou, un gigantesque et ridicule trou dans lequel Régis fût tombé tête la première s'il n'avait retrouvé l'inspiration perdue avec la retraite, qui sonna au bon moment, et la chantante forêt des Maures, qui favorise aux beaux jours les bavardages.

C'est là que Régis se surprit à rédiger d'une traite *L'homme au désir d'amour lointain*. À la première personne du singulier, comme toujours, « la plus modeste des personnes, assurait-il, contrairement à l'idée reçue ». Obéissant, avec son art coutumier, aux lois délicates du mentir-vrai, Régis, reconnaissable à ses « petits yeux » et son « grand nez », ouvre son roman de cinq cent soixante pages par la chronique autobiographique de sa première nomination à Copenhague, en 1982. C'est un prétexte. Prétexte à installer, dès la page quatre-vingt-six, son double à Mittelbourg, capitale de la Villanovie, petite démocratie pluraliste gouvernée par une monarchie héréditaire située en Europe centrale, peuplée de deux cent cinquante-cinq mille habitants, tirant sa richesse des mines argentifères et née de l'imagination de celui qui, en 1985, y est nommé ambassadeur de France, M. François-Régis Bastide soi-même.

Profitant de l'immunité que la création romanesque confère aux adeptes du devoir de réserve, il s'en donne à cœur joie. Dans cette saga, il exalte une histoire d'amour, au romantisme échevelé, entre le diplomate français et Sa Majesté la reine Regina Ilma, de vingt-cinq ans sa cadette, amatrice de veufs, de divorcés, de célibataires, et prête à tous les subterfuges — perruques, lunettes noires, hélicoptère et jeep militaires — pour retrouver, à l'abri des indiscrets, celui qui est à la fois son amant, son nègre et sa promesse de liberté.

Très grande, les cheveux noirs, des bras de harpiste, des « jambes marines », des « yeux d'acier », et un menton « tenu haut comme une note chantée qu'il faut tenir encore », Regina, c'est vraiment la régalienne Béatrice, telle que mon souvenir la fixe au milieu des années quatre-vingt. Elle apparaissait, on ne voyait qu'elle. Elle ressemblait à cet amour définitif auquel Régis disait avoir jusque-là aspiré en vain, le guettant toute sa vie dans les bras d'autres femmes qui ajoutaient à son espoir mais aussi à sa peur d'une passion fixe : « Plus grand est l'amour, plus grande est l'envie de le fuir. » Car courtiser les belles avait été sa grande affaire — il avait élaboré une théorie assez proche de la polémologie selon Clausewitz —, et voici qu'il découvrait, sur le tard, le métier d'aimer l'unique objet de sa flamme, au point d'être même jaloux de son passé.

Mieux que dans un livre de mémoires ou un journal intime, Régis initie son lecteur aux secrets du petit monde diplomatique, à ses usages, ses codes et son protocole. Il décrit, en même temps qu'il en éprouve la nostalgie, les privilèges et les devoirs de l'ambassadeur, les attributs des attachés militaires et commerciaux, les fonctions domestiques des CRS, les caprices de la DGSE, les complots de pacotille, la pompeuse rhétorique des lettres de créance, la perpétuelle insatisfaction à l'égard de Paris, « qui ne comprend rien », la chorégraphie savante des voitures officielles à fanion, les mondanités fastidieuses mais nécessaires, et une certaine qualité d'ennui, tempérée par l'art de l'anecdote où excellent les diplomates, ces cancaniers prestigieux. Il explique pourquoi il convient de porter le smoking sans décorations, s'étonne encore, avec une irritation sincère, que les télégrammes chiffrés soient réfractaires au point-virgule et les rigueurs de sa charge, aux exquises nuances de la littérature. Il dépeint l'univers autarcique, schizophrénique, pirandellien de ce petit bout de territoire national qui se prolonge en exil dans un pays de résidence où, chaque jour, le dérisoire le dispute à l'essentiel et où passent, au crépuscule, des ombres que l'on ne reverra jamais.

Dans ce roman que, sur l'étagère consulaire de ma bibliothèque, je range volontiers entre *L'Europe galante*, de Paul Morand, et *Belle du Seigneur*, d'Albert Cohen, Régis est un merveilleux fabulateur, un brillant contrefacteur. Plus il en ajoute dans les détails, mieux il ment. Au terme de l'aventure, ce royaume villanovien, qui est issu d'une civilisation authentique ayant précédé les Étrusques, semble plus vrai que nature. En chemin, il égrène des poèmes apocryphes de Rilke, des pastiches de Larbaud, des lettres controuvées de Stendhal — les trois ayant connu, à Mittelbourg, des amours inachevées — et de faux articles politiques du *Monde*. Il fait apparaître François Mitterrand, Charles Hernu abattu par l'affaire du *Rainbow Warrior*, Alexander Dubček, François et Claude Mauriac dans l'île Saint-Louis. Il préfigure même le conflit yougoslave et brocarde, lors d'une conférence au sommet, le vain sabir des institutions internationales.

Comme dans tous ses romans, qui sont des aveux différés, j'aime les pages où, fatigué de briller, de parodier et de décrire « les limbes hivernaux de la diplomatie sans cause », Régis baisse le masque pour pleurer une mère morte, se souvenir de Biarritz, noter désormais les premiers signes de l'inéluctable vieillesse, constater avec amertume qu'il n'a pas réalisé les rêves littéraires qu'autrefois il caressait si fort, confesser son goût pour l'indiscrétion, son hypocondrie, son obsession du jugement dernier, ou avouer que, malgré tous ses efforts, il ne sait pas rire.

C'est vrai que sa bouche n'était pas faite pour l'hilarité. Ses lèvres fines, aux commissures tombantes, inclinaient naturellement à la mélancolie, sinon à la bouderie. Il n'accordait à la bonne humeur qu'un maigre sourire. Seuls ses yeux, en se plissant comme l'écorce terrestre, pouvaient parfois s'esclaffer. Mais c'était rare. De l'ambassadeur, il n'avait pas seulement le physique, il avait aussi l'esprit : cette manière de dissimuler l'angoisse derrière une fausse légèreté et de trouver inélégant de rigoler.

Il m'a toujours semblé que cet admirateur de Saint-Simon s'était trompé de siècle et qu'il était fait pour vivre au temps de la litote, de la prétérition, du clair-obscur et du baisemain. En vieillissant, d'ailleurs, sa longue chevelure blanche et bouclée ressemblait à une perruque. Il aimait la musique romantique, mais il avait une prestance baroque.

2, rue Christine

Ce furent, dans la presse, mes plus belles années. J'étais jeune, il est vrai, j'apprenais le métier en compagnie du meilleur, du plus inventif, du plus délirant des professeurs, et nous étions ivres de liberté. On défiait le pouvoir avec une arrogance de chevau-légers, on brocardait les notables sans pitié, on écrivait ce qui ne se disait pas (précédant ainsi de quinze ans l'impunité de la Toile et, parfois, la cruauté des internautes), on massacrait le bon goût, le prétendu devoir de réserve, l'onctueuse rhétorique de nos concurrents amidonnés, on abusait des calembours et des jeux de mots, on ne craignait pas de fustiger les « cons » à la une, on se flattait, même après notre sidérant succès, d'être payés avec un lance-pierre, et l'on mesurait notre farouche indépendance à l'aune du dédain, de l'exaspération ou de la détestation qu'ensemble, unis telle une phratrie rieuse, un clan de têtes brûlées, nous suscitions chaque semaine.

Notre condottiere s'appelait Jean-François Kahn, et il avait hérité de Victor Hugo. Sans un sou en poche, avec la seule fortune rassemblée après un postillonnant appel au peuple et à la souscription publique lancé à la manière d'un défi, un soir d'improvisation, depuis un plateau de télévision, il avait fondé, en 1984, *L'Événement du jeudi*, au nez et à la barbe des vieux hebdomadaires qui, gauche et droite confondues, sommeillaient sur leurs larges revenus publicitaires, leur conformisme bourgeois, leur rassurant académisme, leurs collusions intestinales et leur papier glacé.

Centriste offensif, toujours prompt, tel Jean Prévost qui fut alors notre emblème, à se battre violemment pour des idées modérées, Jean-François ne plaidait pas seulement pour une troisième voie politique, il voulait croire aussi à une autre presse, qui ne fût pas inféodée aux grands groupes de communication et dont les seuls actionnaires seraient les lecteurs. Il en coûtait cinq cents francs pour monter au front. Avec une armée de vingt mille petits porteurs dotés de grandes ambitions, il réussit au-delà de ses espérances. Pendant dix années, en kiosque, *L'Événement du jeudi* écrasa, de toute sa juvénile vigueur, ceux qu'il appelait « les hebdos moquettés », *L'Express*, *Le Nouvel Observateur* et *Le Point*, tous trois sidérés et parfois choqués par ce concurrent malpoli, ce donneur de leçons mal habillé qui avait, en plus, l'outrecuidance de dénoncer, le premier, les scandales — de la tragédie du sang contaminé, révélée par Anne-Marie Casteret, au dynamitage du *Rainbow Warrior*, dévoilé par Pascal Krop, en passant par le bradage de TF1 ou la sombre affaire des Irlandais de Vincennes — dont les deux septennats de François Mitterrand allaient longtemps porter le poids très encombrant.

Car si *L'Événement* bataillait dur contre une droite hiératique, incarnée en ce temps-là par Louis Pauwels et son puissant *Figaro-Magazine*, il ne laissait rien passer à la gauche socialiste, parce qu'elle était au pouvoir, se croyait tout permis, et flirtait aussi bien avec d'anciens Vichystes sans remords qu'avec des parvenus aux mains pleines, dont le parangon s'appelait alors Bernard Tapie. C'étaient ça, les années Mitterrand bousculées par notre tempétueux *Événement*, du passé mal lavé, des fortunes ostentatoires, du cynisme étatique, une extrême droite banalisée à Strasbourg, mais aussi une liberté de penser dont nous ne voulions pas manquer de profiter avec un appétit d'adolescent.

Cette France paradoxale présidée par un socialiste contradictoire, dans l'antichambre duquel pouvaient se croiser l'admirable Robert Badinter et le répulsif Maurice Papon, qui affranchissait la radio en même temps qu'il offrait la télévision à Francis Bouygues, où les pauvres s'appauvrissaient et les riches s'enrichissaient, Régis la découvrit en 1989, retour de Vienne, d'un œil médusé, d'un œil d'étranger.

Au loin, où il avait été si fier de la représenter et où il fut sacré par la presse britannique « *The epitome of the cultured Frenchman* », sans doute l'avait-il rêvée et embellie. Ici, soudain, elle ne lui plaisait plus. Le spectacle d'une république à la fois royaliste, affairiste et déliquescente ajoutait à sa nostalgie du parti généreux de sa jeunesse et de la victoire, en 1981, de ses idéaux. Il refusait le passage de Jaurès à Chevènement, le glissement progressif de Mendès France vers Attali, sherpa auquel il ne pardonnait pas d'avoir publié trois forts volumes de *Verbatim*, et qu'il appelait « le Dangeau de Saint-Simon ». « Du moins Dangeau, marquis aimable qui tenait un journal vétilleux, était-il exact, donc utile », ajoutait Régis, qui se sentait soudain appartenir, avec une fierté mélancolique, au corps des chiffreurs chargés, en sous-sol, de l'inviolabilité des messages.

Il était d'autant plus amer que les ambassades ne l'avaient jamais initié au principe de réalité, elles avaient au contraire exalté son romantisme politique et prolongé sa foi en un socialisme universel. Il souffrait, à Paris, d'être désormais du côté de ceux qui font un si mauvais usage du pouvoir. Chaque mercredi, pour, me disait-il, se « remettre dans le bain », il regardait, en fumant, les questions orales au gouvernement, retransmises en direct à la télévision, et, invariablement, était exaspéré par les discours trop préparés des ministres et touché par les interpellations mal rédigées des députés de base chez lesquels, parfois, il croyait se reconnaître.

Au moins deux fois par mois, à pied depuis la rue de Vaugirard, glissant doucement de la place Saint-Sulpice à la place de l'Odéon, il venait me retrouver rue Christine, au *Comptoir de L'Événement.* Car le journal avait, au rez-de-chaussée de l'immeuble ancien, étroit et bancroche, où la rédaction travaillait sur quatre étages tortueux, son restaurant. Comme il avait, dans la même rue, sa boutique dévolue aux lecteurs actionnaires, qui venaient y prendre, formant chaque jour une longue cohorte processionnelle, leurs places de théâtre, leurs billets de voyage, leurs serviettes de bain, leur vaisselle, leurs blousons siglés ou leur chaîne hi-fi. Jean-François avait en effet imaginé, au cœur du vieux Quartier latin, une manière de jeune république parallèle. Elle avait sa constitution, rédigée par ses soins sur le modèle polémique de *Et si on essayait autre chose ?*, sa presse (*L'Événement* avait racheté des revues d'architecture, de musique, de sciences et de théâtre), son auberge, sa galerie, son cinéma, *L'Action Christine*, ses cuisines et dépendances réparties, sous forme de Clubs, dans toutes les villes de province, il ne lui eût pas déplu qu'elle comptât également une représentation au Palais-Bourbon, une régie autonome de transports, une salle de sports et une station balnéaire.

Régis aimait venir déjeuner à *L'Événement.* Il m'y trouvait follement heureux, et il était de ceux, plutôt rares dans ce milieu, qui font leur miel du bonheur d'un ami. J'ai gardé les petits mots qu'il m'envoyait chaque lendemain du jour où l'on se voyait. Ils commençaient invariablement par le début du *Racine*, de Giraudoux : « Il est satisfaisant de penser que... » L'une des dernières se prolonge ainsi : «... que le journaliste le plus occupé de Paris soit aussi le plus amical avec ses vrais amis ».

Mon cher ambassadeur y ajoutait l'excitation de comploter dans un lieu très peu diplomatique et en perpétuelle ébullition que, pour la plupart, ses pairs en politique et en littérature jugeaient peu fréquentable. Il poussait la complicité jusqu'à m'encourager dans une férocité qui ne lui ressemblait pourtant guère, et que je regrette un peu aujourd'hui. Car, à cette époque, pour le seul plaisir du bon mot, de la formule assassine, d'aiguiser mes griffes contre les institutions et de prétendre défaire une réputation, j'exécutais chaque semaine les livres et leurs auteurs, je jouais les petits Savonarole. (Je n'ai pas un bon souvenir de ces grimaces d'intransigeance. Depuis, j'ai appris à devenir plus avare de mes aversions et je mesure mieux combien la sincérité, lorsqu'elle est poussée à ses extrémités, peut être vaniteuse.) Régis y trouvait peut-être son compte, qui me voyait brocarder des intellocrates auxquels, trop pudique et digne pour oser s'en plaindre, il reprochait de l'avoir oublié pendant ses années d'absence et de le négliger à son retour.

Allergique par culture à la droite, déçu par sa gauche naturelle, il venait se réfugier à *L'Événement*, dont il partageait les idées intermédiaires, et picorer au *Comptoir*, où, un verre de vin blanc à la main, il était intarissable sur les dérives du régime politique et les frasques de sa nouvelle charge. Car Mitterrand lui avait confié le dernier de ses Grands Travaux, ce fameux Centre de conférences internationales qui devait remplacer celui, trop vétuste, de l'avenue Kléber. Dans l'idéal, c'eût été, dessinée par Francis Soler, une petite cité diplomatique disposée sur trois parallélépipèdes de verre et baignée, à ses larges pieds, par la Seine. Son inauguration était même annoncée pour 1996. Mais elle ne vit jamais le jour, quai Branly. Régis se contenta, sous un casque de chantier, de résister aux sarcasmes, d'observer en silence les désastreuses fondations et de gérer la faillite d'une illusion.

« Même à Copenhague et à Vienne, me racontait-il lors de nos déjeuners rituels, qui finissaient par être drôles, je n'ai jamais eu à gérer une guerre d'usure aussi infernale et mortelle que celle qui oppose Mitterrand à Chirac. Certains jours, crois-moi, c'est 14-18 ! Lorsque, une nuit, l'État a fait arracher cent dix arbres au pied de la tour Eiffel, et qu'aussitôt la Ville de Paris, soutenue par les riverains, a porté plainte, je ne savais plus où me mettre. Ni, c'est plus grave, quel camp choisir... »

Cela sonna, pour lui, aussi lourdement qu'un glas ; le temps était donc venu de se retirer d'une vie politique pour laquelle, du moins à la fin du vingtième siècle, l'écrivain des éternelles forêts allemandes n'était pas fait. S'il prit part activement, en 1995, à la campagne de Lionel Jospin pour la présidentielle, c'est qu'il voulait, une dernière fois, tenter de tordre le cou à son persistant désenchantement. Afin de bouter les jésuites et les tartuffes, le catholique de Biarritz en appelait au protestant de Ré. Et le romancier de *La vie rêvée*, au théoricien de *L'invention du possible*.

Du moins l'épilogue funèbre du 21 avril 2002 aura-t-il été épargné à celui qui, dans *L'homme au désir d'amour lointain*, laissait passer, avec tant de points d'interrogation, l'amertume de ses vieux jours : « Pourquoi n'apprend-on rien, à force de vivre ? Pourquoi le temps, contrairement au dicton, n'est-il qu'un petit maître, et parfois un escroc ? En tout cas un mauvais maître, qui détraque tout si l'on ne compte que sur lui. Pourquoi sommes-nous si seuls avec nous ? Pourquoi personne ne peut-il rien pour personne ? »

Hasard du calendrier, *L'Événement du jeudi* commença de mourir en même temps que Régis. Ce n'était donc pas un journal fait pour vieillir. Il devenait, presque à son insu, un hebdomadaire comme les autres, cossu et respectable. Il voulait trop caresser, après s'être si brillamment exercé à piquer. Prolongé artificiellement, il aurait fini par se trahir. Mieux valait qu'il disparût. Jean-François se retira dans son moulin bourguignon, un moulin sans ailes où don Quichotte se surprit à programmer de nouvelles aventures, que Régis ne connaîtrait jamais.

L'arbre de vie

On meurt comme on a vécu. Jusqu'au bout, Régis a été fidèle à sa légende. Décharné, époumoné, corrodé, démantibulé, plus maigre qu'une angoissante et longiligne statuette de Giacometti couchée dans un linceul, il trouvait encore la force de vouloir séduire, s'employait à être léger, « comme s'il veillait, dira si justement Jean-Noël Pancrazi, à consoler par avance tous ceux qui l'ont aimé ».

Il appelait les infirmières par leur prénom, les interrogeait sur leur vie privée, se souciait de leur salaire, de leur temps libre, vantait leur charme, la discrétion de leur maquillage, la douceur de leurs mains sur sa peau translucide, réclamait un sourire et parfois s'excusait, comme si la maladie n'était qu'une négligence vestimentaire, de n'être pas « présentable ». Don Juan, avant d'être précipité en enfer par le Commandeur, n'était pas plus charmeur et délicat.

Régis le Gascon y ajoutait le panache de Cyrano

qui, blessé à mort, continue de faire le beau devant Roxane, lui tient à voix haute, une dernière fois, la gazette des potins de la ville et s'obstine encore à dissimuler, sous les rodomontades et les babillages, l'amour fou, secret, irréfutable, qu'il lui voue depuis si longtemps et que, jeune veuve devenue si belle religieuse, elle comprend enfin, mais il est trop tard, la nuit tombe, il fait froid.

Je me souviens que, en 1990, nous avions vu, ensemble, le *Cyrano*, de Jean-Paul Rappeneau, avant sa projection officielle au festival de Cannes, Régis en était sorti exalté, plein de souvenirs et de promesses, me priant aussitôt de lui trouver le téléphone *personnel* d'Anne Brochet, je lui avais même demandé d'écrire son enthousiasme dans *L'Événement du jeudi*, ce qu'il avait fait avec une fougue de cadet au siège d'Arras. Car lui aussi, à quinze ans, déjà romantique, avait cru être Cyrano. Il jugeait qu'il ressemblait trait pour trait à ce poète bizarre, à ce dramaturge empêché, à cet homme d'armes toujours rattrapé par les sentiments. L'adolescent Bastide attribuait au destin le privilège de vivre entre Biarritz et Bayonne, près de Cambo-les-Bains où le poitrinaire Edmond Rostand, qu'il tenait pour l'égal de Racine, s'était jadis retiré afin de soigner sa pneumonie. Il avait même incarné le héros du Sud-Ouest sur la scène du lycée. « Comme j'avais un pif que les nasologues voyaient en promontoire et que j'étais aussi parleur que laid, me racontait Régis, on m'avait imposé l'emploi. Et on avait offert le rôle de Christian à un garçon qui, évidemment, était beau, blond, manquait d'esprit, portait un nom à triple particule et dont je jalousais les nombreuses et trop faciles conquêtes. »

Il avait ensuite passé sa vie à chercher sa Roxane, qui est le prénom de l'illusion et sous le balcon de laquelle les hommes, ces oiseaux de nuit, n'en finissent jamais d'inventer des phrases plus pures que leurs pensées, plus douces que leurs visages. Lorsqu'elle proclame : « Rien ne peut me le rendre grotesque ! », Régis, que le ridicule avait souvent frôlé et dont le nez — que dis-je, le cap, la péninsule — semblait s'être allongé avec l'âge, m'avait murmuré à l'oreille : « Vivent les grotesques, pourvu qu'ils soient beaux de langage ! »

Maladroit en amour, gaffeur en société, querelleur avec ses amis, d'une grandiloquente timidité, bravache sans raison, préférant être amoureux qu'aimer, et caressant peut-être mieux les mots que les corps, mon ami, cela au moins lui sera-t-il accordé ? était beau de langage.

À l'hôpital, il était trop épuisé pour lire. Le bonheur de toute sa vie était désormais un effort insurmontable. Des chroniqueurs du Grand Siècle aux poètes d'outre-Rhin, tous ses alliés substantiels lui étaient refusés, même le facile Giraudoux. Jean-Marie Borzeix, son ami et complice des éditions du Seuil, le savait bien, qui eut la délicatesse, ou plutôt la grâce, de déposer sur sa table de chevet une plaquette d'une vingtaine de pages qui venait de paraître chez Gallimard, à peine un livre, mais quelles pages et quel écrivain ! *L'homme qui plantait des arbres*, de Jean Giono. Ce fut son ultime lecture, son dernier voyage.

L'auteur de *La chasse au bonheur* y fait le portrait d'Elzéard Bouffier, ce berger des Alpes de Haute-Provence qui consacra sa vie, sur une terre aride, ventée et dépeuplée, où l'été est aussi violent que l'hiver, où les épidémies de suicides le disputent aux vagues de folie meurtrière, à creuser des trous pour chaque jour y déposer des glands. À l'insu de tous, ignorant les deux grandes guerres qui ravagèrent l'Europe, Elzéard le solitaire planta des chênes méthodiquement, à l'infini. Des milliers de chênes, mais également des hêtres, des érables et des bouleaux. Rien ne le fit fléchir ni douter. Entre la vallée de la Durance et la montagne pierreuse, il fit naître la forêt de Vergons, que l'administration, faute d'explications raisonnables, voulut considérer comme « naturelle ».

C'était un homme silencieux et altruiste, adepte opiniâtre de l'acte gratuit et artisan modeste du miracle quotidien. « Un athlète de Dieu », selon Giono. Grâce à lui, la région si longtemps hostile était devenue fertile, les villages morts avaient ressuscité, les vieilles sources coulaient à nouveau. « Quand je fais le compte de tout ce qu'il a fallu de constance dans la grandeur d'âme et d'acharnement dans la générosité pour obtenir ce résultat, conclut l'écrivain manosquin, je suis pris d'un immense respect pour ce vieux paysan sans culture qui a su mener à bien cette œuvre digne de Dieu. »

C'est le magazine *The Reader's Digest* qui, pour sa célèbre rubrique « Le personnage le plus extraordinaire que j'aie jamais rencontré », avait ainsi sollicité le romancier du *Hussard sur le toit*. Dès qu'elle leur était parvenue, en 1953, l'histoire d'Elzéard Bouffier, si française, si « exotique » vue de là-bas, avait enchanté les rédacteurs américains. Quelques semaines plus tard, après avoir mené une enquête et interrogé les registres de l'hospice de Banon où, presque nonagénaire, le vieux sylviculteur aurait rendu l'âme en 1947, ils s'étaient soudain rétractés et avaient adressé à Giono une lettre ulcérée, dans laquelle ils le traitaient d'« imposteur ». Ce qui, pour un écrivain qui prétendait apprivoiser les truites et savoir se servir d'un ours en société, était le plus éloquent des hommages. Car, tels Angelo, Pauline, Ennemonde, Langlois ou Frédéric II, Elzéard était né de son imagination. Mais son art était si persuasif et son admiration pour sa propre créature si convaincante que la réalité paraissait triompher de la fiction. Et la littérature, somptueuse, des banals faits divers. « C'est un de mes textes dont je suis le plus fier, écrivit, en 1957, Jean Giono au conservateur des Eaux et Forêts de Digne, M. Valdeyron. Il ne me rapporte pas un centime et c'est pourquoi il accomplit ce pour quoi il a été écrit. » Il avait en effet cédé gratuitement les droits de *L'homme qui plantait des arbres* aux éditeurs du monde entier afin de travailler au reboisement universel.

Qui eût d'ailleurs pu douter, à la lecture de cet apologue, que les chênes d'Elzéard avaient poussé droit pendant que les hommes tombaient à Verdun ; qu'ils avaient encore gagné en puissance et en majesté tandis que, dans un département voisin, le Vercors était pris d'assaut par les nazis ? Jean Giono avait seulement aidé la nature à résister au temps, aux horreurs du temps, et elle avait vaincu.

Je veux croire que, depuis la futaie jaillie de landes autrefois nues et monotones, cette « brise souple chargée d'odeurs », en remontant jusqu'à Paris et en balayant les remugles médicamenteux, a caressé le visage exsangue de Régis. Et que, les yeux fermés, il s'est promené longtemps dans l'ombre humide de ces bois tièdes. L'homme heureux qui plantait des arbres sans réclamer de soutien ni chercher la reconnaissance fut en effet son dernier compagnon. Elzéard et lui parlaient la même langue. Régis, qui avait la main verte, était l'enfant paradoxal de la Forêt-Noire et de la forêt des Maures. Il avait cédé aux sortilèges allemands et sacrifié au farniente méridional. Il était pluie et soleil. À La Mente, il avait beaucoup boisé, défriché, élagué, reboisé. Il aimait les essences rares et les frondaisons maternelles. Il pensait, avec Aristote, que les arbres sont des personnes qui rêvent et m'avait dit, un jour, que de savoir qu'ils lui survivraient l'aidait à mieux vivre. Depuis sa plus tendre enfance, il imaginait la mort comme une grande fée blanche, souriante, feuillue et fleurie. Elle ne lui faisait pas peur.

Né Cancer, terrassé par le cancer, Régis s'est éteint le mercredi 17 avril 1996, à quatre heures du matin, il avait soixante-neuf ans. Le vendredi suivant, l'église de Saint-Germain-des-Prés était pleine. Son cercueil paraissait très long, j'avais oublié combien Toto était grand. La foule ressemblait à son existence. Il y avait les auteurs qu'il avait publiés, ses camarades du Parti socialiste, dont Lionel Jospin, des représentants du corps diplomatique, des musiciens, des comédiens du Français, les académiciens qui ne l'avaient pas préféré, d'anciens élèves du collège Saint-Louis-de-Gonzague de Bayonne, les critiques mais aussi des spectateurs anonymes du *Masque et la plume*, et beaucoup de femmes, brunes et blondes de tous âges, qui pleuraient l'homme au désir d'amour lointain.

Il repose dans le cimetière de La Garde-Freinet, au cœur de la forêt des morts où les arbres parlent aux vivants. À Régis, surtout.

Adieu

Je termine ce récit où je l'ai commencé, à La Mente, dans le salon de musique dont les murs blancs de chaux, les carreaux du sol bleus et jaunes, les banquettes maçonnées recouvertes de coussins et les bibliothèques creusées dans le plâtre, la fontaine gris pâle posée dans un coin, évoquent les frais et silencieux intérieurs marocains, quelques pages de Pierre Loti, un poème de Rimbaud, une Méditerranée universelle.

Régis avait imaginé y placer, en son centre, en lieu et place d'une table basse, « un bassin d'*azulejos* et un très fin jet d'eau, bourré de doubles croches ». Il rêvait d'un orgue, d'un piano, d'un clavecin, de violons et de hautbois. Eût-il été riche qu'il y aurait programmé, chaque jour, trois quatuors, cinq sonates, et « des ribambelles de *lieder* chantés par une contralto germanique aux yeux bleus, à la gorge de cygne. Parfois même une messe célébrée ; pour ôter les mauvaises pensées, si savoureuses, que peut donner la musique dans une maison isolée. *Aedificabo, aedificabo…* ».

Par la baie vitrée, je vois les oliviers, les lauriers-roses, les figuiers, les palmiers chahutés par le mistral d'août et, au-delà, découpées dans le ciel bleu Matisse, la haute et impassible colline, l'impénétrable garrigue où courent les sangliers et les renards. Un aigle royal tourne en rond et guette sa mystérieuse proie, au fond de la vallée. Les cigales, fatiguées par la chaleur, ont cessé de striduler dans l'air claudélien. Le temps semble s'être arrêté au partage de midi. Uccello, le chien noir de Martine, dort à mes pieds, qui massent son ventre retourné. Il ronfle d'aise. Et soudain me revient ce souvenir d'un dîner chez les Nourissier. Au moment de partir et des remerciements d'usage, Régis, qui ne supportait pas de vivre sans Béatrice, rencontrée quelques semaines auparavant, s'était soudain couché et roulé sur la moquette, devant tous les invités éberlués, pour embrasser, caresser, câliner longuement le berger allemand du maître de maison, lequel, gêné, le rappela à davantage de retenue. Il se releva alors, épousseta sa veste, serra son nœud de cravate et, comme si l'on avait tous rêvé, salua la compagnie en homme du monde.

Lorsque, de ma table, j'entends crisser le gravier, qui est la musique familière de l'amitié aux beaux jours, il me semble que Régis va surgir, passer devant moi dans son short kaki maculé de taches d'huile, le profil au long bec emmanché d'un long torse nu, si maigre le torse qu'on voit saillir les côtes, il me sourit avec ses yeux chinois en tirant un tuyau pour aller arroser, derrière la maison, les hortensias bleus et les citronniers, mais les pas s'éloignent déjà, le fantôme transparent de mon ami disparaît et le silence retombe sur ce coin perdu de paradis planté d'eucalyptus, de pins, de cyprès, qu'il a façonné de ses mains et qui prospère, s'épanche, s'épanouit si bien sans lui — je n'arrive pas à savoir si la nature est fidèle à ceux qui l'ont domestiquée ou ingrate envers ceux qui, en l'ordonnant pour toujours, ont eu la faiblesse et la vanité de se croire éternels.

Régis était allé à Latché, dans les années 1970. François Mitterrand l'attendait en casquette, pieds nus, un sécateur à la main. Il inspectait ses parterres, rajeunissait ses rosiers et nettoyait un cerisier qui l'inquiétait parce qu'il respirait mal. Régis lâcha timidement : « Je crois que je vais vendre ma maison du Var, c'est trop lourd à porter… » Mitterrand, lapidaire : « Avez-vous planté ? » Régis, gêné : « Oui, beaucoup. » « Alors, conclut Mitterrand avec autorité, vous *ne pouvez pas* vendre. Quand on a planté, on ne s'en va pas ! » Il suivit le conseil du patron, heureux d'être conforté dans son farniente et obligé de le fleurir.

C'est étrange d'écrire sur un mort dans la maison ensommeillée où il a vécu, et qu'il a tant aimée, et où je l'ai vu si heureux. J'hésite sans cesse entre l'imparfait et le présent, le souvenir et le regret, la mélancolie et l'espoir. Je m'assieds aujourd'hui dans ses fauteuils, je feuillette ses vieux livres, je compulse indiscrètement sa correspondance privée avec Paul Gadenne, Matthieu Galey ou Bertrand Poirot-Delpech, je me baigne dans sa piscine, je fais les courses à Grimaud ou Cogolin avec son panier en osier, je mange sous son ombrageuse pergola, je bois dans son verre le chasse-spleen qu'il avait découvert sur le tard et qu'il gardait pieusement dans sa cave, je fais mien son paysage grandiloquent, j'aspire les parfums de résine et de thym qu'il savait traduire comme personne, avec des adjectifs giralduciens et des néologismes qui n'appartenaient qu'à lui.

Et lorsque je vais me coucher, dans la grande chambre au premier étage, j'emprunte le couloir où sont encadrées sur les murs, jaunies et démodées, les vieilles affiches du conférencier d'autrefois, qui me ravissent, on dirait des réclames pour un cirque itinérant, un théâtre ambulant, ou la tournée d'un explorateur, retour du Congo belge.

« 4 février 1949, salle Pétron, à Pau. Avant sa tournée de conférences en Hollande, première lecture de *Trois sincérités* (Stendhal, Constant, Proust) par François-Régis Bastide. » « 28 avril 1949, Casino municipal de Biarritz. Conférence littéraire, *Giraudoux et la France*, par François-Régis Bastide. Prix des places : 100 francs. » « 28 octobre 1953. Par

François-Régis Bastide, critique musical et littéraire, *Ravel et ses sortilèges.* » « 26 mars 1954. Alliance française, au cinéma Rex, François-Régis Bastide, prix de la Ville de Cannes 1952, Grand Prix de la critique 1953, parle de Saint-Simon. » « 31 mars 1954, Alliance française au Colisée. Conférence de M. François-Régis Bastide, secrétaire général du centre culturel de Royaumont. *Julien Green ou la séduction du mal. Différence du catholicisme chez Bernanos, Mauriac et Green.* » « 13 octobre 1955, Ville de Marche-en-Fameuse. *Saint-Simon l'homme de ses mémoires*, par François-Régis Bastide, homme de lettres, producteur à la Radiodiffusion française. »

Je m'endors en imaginant le roulement du tambour du garde-champêtre sur la place de l'église, l'accueil du fringant Parisien par le maire et ses adjoints sur le quai de la petite gare, les premières remarques du genre : « On ne le voyait pas si haut, ou si maigre, ou si jeune », la petite foule des femmes pomponnées qui font la queue à l'entrée de la salle des fêtes pour entendre un garçon à la fois cravaté et emprunté leur raconter, par le détail, la mort de Louis XIV, le combat entre Dieu et le diable, la curieuse manière qu'avait Ravel de jouer du piano, « d'un toucher sec qui donnait aux pouces un rôle primordial », la guerre de Troie façon Giraudoux, et conclure, en parlant de Saint-Simon : « La solitude, le désespoir et le néant ne sont grands et producteurs que lorsqu'on les a soi-même conquis. »

N'était la présence si affectueuse et encourageante de Béatrice, qui vit désormais toute l'année à La Mente avec Martine et a augmenté la propriété d'un potager où poussent les tomates, les potirons et des courgettes géantes, j'aurais parfois l'impression de dérober ses secrets à ce mort si présent, de lui emprunter ses habits, je préfère céder à l'illusion enfantine que je lui octroie un petit supplément de vie comme, en septembre, à l'approche des vendanges, on décide de poursuivre ses vacances après le départ klaxonnant des derniers touristes afin de s'oublier dans la douceur musquée de l'été indien.

Hier, au petit matin, je suis allé, seul, sur sa tombe, dans le joli cimetière étagé au pied de La Garde-Freinet. Elle est toute simple, faite des mêmes pierres sèches avec lesquelles sa maison est construite; en somme, c'est une sépulture qui prolonge sa villégiature. La plaque en cuivre, « François-Régis Bastide, 1926-1996 », est coiffée de deux rosiers pompon très entreprenants et caressée par les petites fleurs jaunes d'un olivier en pot. Il est bien, Régis, au milieu de la forêt des Maures, avec une vue imprenable, en contre-plongée, sur les premières maisons du village, et, plus haut, le sommet aride du fort, la route des crêtes frôlée par des filaments de nuages chafouins. Il dort pour toujours sous la terre qu'il avait choisie, si loin et si différente de sa côte natale, si propice à ses amours, si peu évoquée dans ses livres, comme s'il n'avait pas voulu, en l'exposant trop, la brader.

Il trouvait le Pays basque, dont au contraire sa littérature est pleine, rétif et « farouche ». Il avait consacré sa vie à s'en souvenir, il ne voulait pas y être enterré. De Biarritz, où l'architecture gardait l'empreinte des vagues espagnoles, russes, anglaises, peuplée de vrais princes en exil, de faux Arsène Lupin, de métèques, de fauchés, de décavés, Régis disait : « C'est une ville laide et capiteuse, inachevée et que j'aime. J'y suis né. Le tourisme l'achèvera. » Il regrettait davantage, à Mauléon, Tardets ou Saint-Jean-Pied-de-Port, les parties théâtrales, musicales, avec flûtes et tambours, de pelote basque, et surtout la ferveur sautillante des joueurs abbés dans leurs soutanes élimées : « Ils viennent de dire vêpres en chasubles dorées, ils sentent encore l'encens, ils descendent vers le fronton blanc, l'œil plus noir, car il n'est de belle partie que sous le regard de Dieu, dans la contemplation des morts qui dorment à côté, au cimetière, et reçoivent, éternels arbitres, entre les tombes, toutes les pelotes perdues. »

Pas de balles perdues entre les cippes de La Garde-Freinet, dans cette Provence où il se sentait chez lui, alors qu'en terre basque, « on est je ne sais où, aux origines de l'homme, au point oméga de Teilhard de Chardin, à la source des langues agglutinantes. La Provence donne envie de parler, le Pays basque de chantonner les dents serrées ». Et Dieu que Régis avait besoin de parler !

Et puis quoi, son enfance atlantique réglée par les

cycles de l'année liturgique et les vacances thermales, le mugissement de l'orgue dans la villa rose de Biarritz et à l'église Sainte-Eugénie, l'obsédant parfum du lagerstrémia familial, les concerts du dimanche au Casino, le père tutélaire qui distribuait des ordonnances aux duchesses andalouses, aux majors écossais, aux généraux de Lyautey, et dont il avait hérité l'amour vorace des femmes, la mère adorée qui l'appelait « Régis » et à laquelle il rendit visite jusqu'à ses derniers jours (elle est morte nonagénaire), l'enfance rêvée que la guerre avait réveillée, tout cela, il n'avait jamais cessé de le célébrer dans son œuvre, avec une détermination proustienne. Il avait déjà passé l'âge où, se souvenir, c'est essayer de se mettre debout dans une eau profonde, en prenant garde à ne pas se noyer. Désormais, il lui fallait vivre encore un peu, et mourir ailleurs que dans ses livres. Ce fut ce village de montagne et de haute solitude où l'hiver a des indulgences d'oued nord-africain et où, l'été, chaque fleur, chaque massif, chaque bosquet, chaque perspective débroussaillée est une victoire sur la sécheresse.

À l'enfant catholique devenu le cardinal vieillissant d'une cathédrale de verdure, il importait moins de savoir s'il y avait, là-haut, un royaume des morts, et même un roi, que de s'assurer de pouvoir, encore, y gouverner le paysage et boire du vin frais sous la tonnelle. « Là où nous serons tous un jour, et dont nous ne savons rien, se demandait-il un an avant sa disparition, est-ce qu'il y a des arbres, de la résine et des roses, et des tables où l'on peut poser ses coudes ? Est-ce que cela se fait ? »

Oui, je crois. Enfin, je n'en sais rien. Tu me diras. Je compte sur toi, mon cher, très cher Régis.

Œuvres de Jérôme Garcin (suite)

SI J'OSE DIRE, ENTRETIENS AVEC PASCAL LAINÉ, Mercure de France, 1982.

L'ÉCOLE BUISSONNIÈRE, ENTRETIENS AVEC ANDRÉ DHOTEL, Pierre Horay, 1983.

DE MONTMARTRE À MONTPARNASSE, ENTRETIENS AVEC GEORGES CHARENSOL, François Bourin, 1990.

Direction d'ouvrages

DICTIONNAIRE DE LA LITTÉRATURE FRANÇAISE CONTEMPORAINE, François Bourin, 1988, Édition augmentée : DICTIONNAIRE DES ÉCRIVAINS CONTEMPORAINS DE LANGUE FRANÇAISE PAR EUX-MÊMES, Fayard/Mille et une nuits, 2004.

LE MASQUE ET LA PLUME, avec Daniel Garcia, les Arènes et 10/18, n° 3859, 2005 (Prix du Comité d'Histoire de la Radiodiffusion.)

NOUVELLES MYTHOLOGIES, Le Seuil, 2007.

Composition CMB Graphic.
Achevé d'imprimer
sur Roto-Page
par l'Imprimerie Floch
à Mayenne, le 11 décembre 2007.
Dépôt légal : décembre 2007.
Numéro d'imprimeur : 69937.
ISBN : 978-2-07-078388-5 / Imprimé en France.

149680